U0924094

「别处，是归客」

图书在版编目（CIP）数据

别处，是归客 / 周海滨著. -- 北京 : 华文出版社，2015.4
ISBN 978-7-5075-4328-5

Ⅰ. ①别… Ⅱ. ①周… Ⅲ. ①汽车－文化－中国－文集 Ⅳ. ①U46-05

中国版本图书馆 CIP 数据核字（2015）第 075865 号

别处，是归客

著　　者：周海滨
责任编辑：李瑞虹
装帧设计：金　帆
出版发行：华文出版社
地　　址：北京市西城区广外大街 305 号 8 区 2 号楼
邮政编码：100055
网　　址：http://www.hwcbs.com.cn
电　　话：总 编 室 010-58336239　　发行部 010-58336238
　　　　　责任编辑 010-58336197
经　　销：新华书店
印　　刷：北京米开朗优威印刷有限责任公司
开　　本：787x1092　1/16
印　　张：14
字　　数：150 千字
图　　片：190 张
版　　次：2015 年 5 月第 1 版
印　　次：2015 年 5 月第 1 版
标准书号：978-7-5075-4328-5
定　　价：58.00 元

序

文化是文明的底稿。

只要是中国人，几乎都是中国文化的产物，是中华文明的被喂养者。比如，乡愁是中国人内心深处一种既尴尬又难以表达的情感，故乡难以忘怀却又不愿长留，回不去的故乡和忘不了的城成为删不掉的内存，根植于血液之中。

这让我们无处选择，毕竟社会秩序在不断改造着个体的时空，我们已经适应不了乡村里周而复始繁重而沉闷的劳作，也等候不了城镇生活里调慢了的时钟。因为，时光丝毫不会因为脚步的快慢而停止流动，我们被时代裹挟，哪怕慌乱，也只好滚滚向前。

故土难离、聚族而居，这曾是中国文化最显著的特征之一，士绅社会和道德自律是中国社会的治理模式之一。然而，滚滚向前的人们对中国文化进行着有意或无意的伤害或摧残。在西藏，穿民族服装的人们在减少，在偏僻的川藏线边建筑和人群也恍若内地。

为什么我们对秘境趋之若鹜？就是因为我们对千城一面的厌倦，对吞噬乡愁的眷恋。这是源自内心深处对中国文化的热爱。在那里，有原生态在等待。

是的，没有什么是确定无疑的。不过，无论你听不听，文化对你我他的喜、怒、哀、乐有着更深刻的联系。文化就是指一切给精神以力量的东西。“人生来本是一个蛮物，唯有文化才使他高出于禽兽。”有人一语中的。

任何一个文化的轮廓，在不同的人的眼里看来都可能是一幅不同的图景。我只是说出了其中一种镜像。“米拉山口海拔 5013 米，站在山口，山风劲吹，蓝天白云下，五彩经幡在大地与苍穹之间飘荡摇曳，连地接天，将藏民们虔诚的愿望传达给上苍神灵。米拉山是林芝地区海洋性气候与拉萨地区内陆性气候的自然分野。山口处常年积雪，发育有远古时期冰川活动的遗迹。川藏公路南线经山口翻过米拉山口，就踏进林芝地区的工布江达县。”这种图景里，我抛弃了私人表达，没有在游记中进行笔墨铺陈，而是尽力去展现我所理解的区域文化精髓。

炙热的爱也是一种伤害。我很幸运，在寰行中国的路上，对中国文化的亲近，有温度亦有态度。

周海滨

2014 年 11 月 29 日于北京

「别处，是归客」

CONTENTS

第四部

拉萨－西宁：雪域天路

—文化精髓：包容

—全程 2115 公里

第五部

西宁－西安：梦回西域

—文化精髓：大同

—全程 1750 公里

第六部

西安－烟台：弘扬华夏

—文化精髓：创造

—全程 1610 公里

「别处，是归客」

寰行中国路线图
新疆维吾尔
自治区
武威
青海湖
格尔木
青海
西宁
西藏自治区
那曲
林芝
波密
八宿
巴塘
拉萨
墨脱
左贡
康定
नेपाल
काठमाडौं
Kathmandu
Lucknow
Bhutan
Patna
Bihar
Meghalaya
Nagaland
Manipur
Jharkhand
West Bengal
Chhattisgarh
Tripura
Odisha
Myanmar
(Burma)
云南
Visakhapatnam
Yangon
线路一/都市文韵
线路二/探奇巴楚
线路三/灵走川藏
线路四/雪域天路
线路五/梦回西域
线路六/弘扬华夏

长岛
终
烟台
(终点)
潍坊
曲阜
洛阳
开封
西安
起
上海
(起点)
宣城
安庆
武汉
恩施
荆州
景德镇

中国
昂科拉

「别处，是归客」

第一部

都市文韵

「文化精髓：进取」

1| 上海：勾勒了城池，放弃了时光

◤张爱玲、杜月笙、孟小冬、郁达夫、宋子文……上海的老建筑不仅仅勾勒了一座城池，而且拉长了弄堂里的往事。在斑驳的树影里，铅华虽尽，岁月依旧。◢

——文化寻访·上海

谈论上海，是需要勇气的。

上海，是中国最繁忙的城市之一。无论是商人、旅人还是当差之人，只要混迹于当世，都无法与这个城市保持距离。

因而，对于几乎每个接触过上海的人，都会与其滋生出是非。是是非非，莫衷一是，每个人心中都有自己的上海。

我曾经谈论过上海。谈论的基础是，在 2004 年元旦，我曾经在上海短暂工作并在宜山路小住。然后，我以一个涉世未深小子的浅尝辄止，来谈论这个城市和这个城市里的人，并在一篇《上海女孩，越灵动越躁动》（2006 年 8 月 3 日）的日记里这样写道：

上海就是这样，男人孤独地跳越，而女人则冷艳地挺立着，对身边的他视若未见。上海，就是那个充满诱惑的城市，在那里，你忘记了中国还有地方叫农村。上海，她的涵义意味深长，管理的高效有序、街道的静谧葱茏、女孩的精致窈窕都可以是这个百年外滩的代名词。

上海的女孩，不只是上海本土的女孩，凡是来到上海的女孩，她们时间待得长了，都会染上这个城市的精致味道、胭脂气氛。打扮得精巧而不失优雅，没有东北女孩的张扬，没有北京女生的随意，上海女孩就是用恰当的点缀让对面的男士欣然而过。

上海女孩一半是天使一半是魔鬼，她的天使面孔魔鬼身材令北方男人流连忘返，一直贪恋到冬天，最后不得不被短暂的寒冷吹回北方。因而，上海女孩是好的，她们高贵优雅能勾住优秀男人的心，而上海的繁华，上海女人功不可没。上海是个适合女人生活的城市，街头的小店不会像北京那样破破烂烂，随便看见橱窗里的一套搭配，你都能挑出自己的最爱，因而在上海逛街，对女人来说，更是一种享受。上海繁荣得让人窒息，而上海女孩也是让人窒息的，不是吗？

上海，请原谅一个懵懂少年的无知和揣测，同时也请理解他的青春期视角里的恣妄菲薄。

三年后的 2007 年，我没有再次去肤浅地评头论足，而是在日记里喃喃细语：“这是个没有很宽马路的城市，道路也是弯曲的，而且单行道很多。但是我喜欢这个城市的随意和温润，喜欢这里随时可能飘落的细雨。”

此后，由京入沪日渐频繁，虽然时而夕至朝归、走马观花，还是对上海理解更甚，更觉过往对上海的评述不忍卒读。

直到有一天，我发现了鲜活的、可爱的上海，积淀的、厚重的上海。

这天是 2014 年 6 月 19 日，在寰行中国的首站之地上海，我聆听阮仪三先生的解读，登城墙、逛外滩、寻城市之源……隐匿的老建筑背后的故事，一下子温热了上海的旧时光。

“过去的建筑是一群舞蹈家，一起翩翩起舞非常优美、有韵味。现在的许多建筑却都以我为主，各不相让，各个城市都要有自己的一种韵味和美感。” 阮仪三说，在上海，老建筑是“海派”文化的载体，历史上遗存的著名建筑尚有 70 余处，这些老建筑集中体现了上海建筑的历史悠久、传统造诣以及独特风格。

阮仪三是清代著名经学家阮元的后代、同济大学教授。他是山西平遥古城和云南丽江古城保护的主要倡议者。在首批“全国十大历史文化名镇”中，有周庄、同里、甪（lù）直、乌镇和西塘五镇的保护规划出自阮仪三之手。

在中西合璧的上海，城市在杂处和更新中碰撞。“每幢古建筑都存有深厚的历史信息，而这些信息有助于加深我们对城市的感情，加深对传统文化的认识，加深乡情。所谓乡情，就是历史记忆，就是曾经生活环境的物质印象。”

从上海古城墙、外滩建筑，再到外滩源，年届八十的阮仪三先生将上海老建筑的往事徐徐展开。

※

其实，上海不远，往事可追。

1292 年，元代上海立县。虽然明中叶，上海已有小城风范，但有城而无墙，倭寇侵袭。

因此，明嘉靖三十二年（1553 年），上海县士绅顾从礼等倡议，官府和民间共同筹资，据称仅用 3 个月时间就赶筑了一座长约 4500 米，高 8 米的城墙。

上海在这城墙下休养生息了 290 年，道光二十三年（1843 年）上海开埠，租界和城厢，地理分割却华洋共处，一个崭新的时代来临了。

在 1870 年代，城门外的人声鼎沸往往在入夜六时更甚。原来，上海县的城门，“按时启闭，民间有事进出，钟鸣六点为期”，晚上六时就关闭了，一旦过了六时闯入城门会遭枷示。而且，执掌城门的人下锁迟疑，也会受罚。

1877 年 10 月 2 日，创刊 5 年多的《申报》报道了这一状况：“老北门城口汹汹然，人声千百，或笑或訾，疑而询之，则咸因门闭不得入，故群俟于此也。俄而有传呼大人来者，不验对牌，不索照会，急启锁纳之，于是入者出者相率纷驰，如水归壑，是时人虽得遂所欲，而犹口出怨言。迨阅片刻，则城门内外又纷集如鹜，此情此景数夕于兹……”大意是，北门外，数百人晚归进不了城。忽然，人群中有人喊：大人来了，快开门。城门开，一拥而入……

据称，直至 1890 年代，闭城时间才延到晚十时。规定依然：对于在外闲荡人员，守城者如敢私自开放，任其出入，一经查处，严惩。

在城墙之中，有很多咸丰年间的砖石，清季的城砖用文字标记着自己的历史时刻。比如，“咸丰五年（1855 年）”。

这与小刀会起义有关。1854 年 10 月，法军头目辣厄尔宣布“法军对叛军进入包围战争的状态”，并于 25 日同清军，突破北门城墙，进攻上海县城，英国驻沪领事阿札国（1809 — 1897 年）也随军出动。

咸丰四年的那场洋人炮火在咸丰五年平息。洋人火炮轰开的城墙由沪上商人捐资 20 万两白银修葺，“咸丰五年”因此被镌刻上了城墙。

我们跟随同济大学阮仪三教授，从大境阁到海关大楼，再到外滩源，探访了一番上海老建筑的历史变迁和中西文化的交融。

大境阁始建于明万历年间，最初为抵抗外敌入侵。后经过历朝历代的改建，现如今的建筑体现了明清两代民众文化及当时中国传统建筑的特色。城墙之中尚有很多咸丰年间的砖瓦，历史韵味浓郁。

海关大楼，三进楼房正檐翘角，歇山顶，屋面上又有一座小阁，工艺精巧讲究。现在的大楼为钢筋混凝土结构，外观为希腊式新古典主义风格。海关大楼的风格由中到西，这不仅仅是结构技术上的演变，更是老上海历史文化变迁的影射。

外滩源，区域内保留着 20 世纪的各式西洋建筑，为外滩历史文化风貌区的核心区域，是外滩“万国建筑博览会”的源头，也是上海现代城市的源头。

结束上海老建筑探寻之后，车队驱车前往有“文房四宝之乡”之称的宣城，沿长江而上，去感受另一种文化的进取精神。

漫步城墙，发现“状元及第”等字样、花生等图案也出现在了城墙上。据说，为了城墙的快速完工，一些名门望族捐砖建城。

民国元年（公元 1912 年）7 月，上海拆城。一段 50 米的明城墙却保存了下来，这就是大境阁及大境关帝庙。

这是一段隐匿的城墙，将一段 400 余年的历史浓缩在这砖石之间。从“上海市道教协会”正门进入，中国传统建筑里的飞檐、天井吞吐着岁月的云展云舒，大殿里的关帝始奉于明万历年间，至今依然庇护着渐行渐远的信徒。尽管在 1960 年代，这里曾被改建为工厂。

大境阁建在大境箭台之上，是一座结构精巧、造型别致的抱厦式三层楼阁，城墙暗藏于此。阮仪三先生说：“这是中国目前硕果仅存的三处古城墙‘真迹’，不是原址复建的‘假古董’。”

从筑城到拆城，从拆城到护城，上海城墙共存 358 年。上海建县 720 余年，一半时间在城墙的拱卫下因循旧格局，最终摧毁它的不是坚船利炮，而是新的生活方式。随着租界的崛起和繁荣，上海城变得边缘而没落，成为闭塞、落后的象征。虽然守旧文人认为祖宗留下之物不可动，但拆城被历史洪流裹挟，不可避免。

在皇权时代，没有城墙，还有城吗？民国了，皇帝没了，城还要吗？

1911 年 11 月 3 日，上海光复，“沪军都督府”成立。1912 年 1 月 14 日，上海民政总长李平书下令拆除城垣，7 月间正式拆城。

※

城墙没了，城市在滚滚向前。

位于上海黄浦区中山东一路 13 号的老建筑海关大楼，就这样为这座现代城市伴奏着，清澈、悠扬，不因你的迟疑而缓步向前。

乐曲是从上海海关大楼的钟楼发出的。

1928 年 1 月 1 日凌晨 1 点，海关大楼敲响了第一声《威斯敏斯特》报刻名曲。1966 年，《东方红》取而代之。1986 年 10 月，英国女皇伊丽莎白二世访问上海，《威斯敏斯特》乐曲重回海关大楼钟楼。2003 年 5 月 1 日，《东方红》又重回故地。

这就是海关大楼的吊诡之处。这栋最早由中国人承建的建筑，以希腊式新古典主义为外观，以希腊多立安柱门廊入口，辅以哥特式钟楼，仿以美国国会大厦的大钟。这个中国近代都会的发源之地，就这样在观念中生存，在风气中升腾，不可阻挡。

位于黄浦江和苏州河交汇处的外滩源，保留着一批主要建于 1920 年至 1936 年间的近代西洋建筑。它们曾是洋行、公寓、教堂、领事馆、博物馆……比如，位于中山东一路 33 号的原英国领事馆，1873 年落成，是外滩一线现存最早的建筑。英国文艺复兴时期建筑风格，由英国设计师克罗斯曼和伯依斯联合设计。又如，英国乡村教堂建筑风格的新天安堂由英国建筑师道达尔设计，修长的塔楼和陡峭的尖塔，将十字架置于高处。

在外滩源经历百年风雨后，有的老建筑已然华丽转身为名媛富豪聚集之地。隐身其中的商业机构和高端品牌，试图沿袭着欧洲贵族不爱张扬的低调，安静的橱窗、优雅的导购、淡雅的香味，仿佛是巴黎的商业店铺，充满着人文气质和艺术沉淀。

上海最吸引人的地方也就在这里了。她可以是任何模样，但她又只是她自己。就像上海的建筑，混杂着巴洛克、洛可可、中世纪、新古典主义、哥特式，以及江南古镇风格，却和谐共生，暗香袭人。

所以，在中国的文化地理中，上海是一个孤绝的所在。它以独特的文化品相，承接了吴越与西洋的博弈，以历史和时代造就的衍生地带，自绘版图却无人能袭。

近代以来，文人荟萃，报馆林立，上海在战火和西风中褪去了小渔村的土气和鲜腥，穿上了洋装，踩上了高跟鞋，优雅地握一杯咖啡或红酒。就这样，上海后来居上，以最仓促的节奏接受了这远道而来的喧嚣与繁华。

自此，十里洋场的歌声不曾飘落。百年上海，绝代依旧。

2006 年 8 月 3 日、2010 年 12 月 23 日、2014 年 10 月 3-4 日写于北京

附录

“外滩源”14 幢历史建筑保护单位

英国领事馆（1873 年）中山东一路 33 号 [1]

安培洋行大楼（1908 年）圆明园路 97 号 [2]

益丰洋行大楼（1911 年）北京东路 31-91 号 [3]

银行公会大楼（1918 年）香港路 59 号 [4]

青年协会大楼（1924 年）虎丘路 11 号 [5]

光陆大楼（1925 年）虎丘路 142 号 [6]

兰心大楼（1927 年）圆明园路 185 号 [7]

颐中大楼（1930 年）南苏州路 161-175 号 [8]

光学大楼（1930 年）虎丘路 128 号 [9]

女青年会大楼（1930 年）圆明园路 133 号 [10]

真光大楼（1930 年）圆明园路 209 号 [11]

亚洲文会大楼（1932 年）虎丘路 20 号 [12]

仁记洋行大楼（1936 年）滇池路 100-110 号 [13]

业广地产公司大楼（1936 年）滇池路 120 号 [14]

2| 宣城：且行且书，一张宣纸的“诞生”

◤铺一席泾县宣纸，书一笔水墨诗篇。◢

——文化寻访 • 宣城

从上海出发，沿沪瑜高速行进，285 公里处便是江左名郡宣城。

安徽宣城与上海关系密切，有两块上海的“飞地”，分别是上海市白茅岭监狱和上海市军天湖监狱。

白茅岭监狱在宣城市郎溪县，是一所关押上海刑事犯的监狱。白茅岭监狱前身是上海市白茅岭农场，1956 年 3 月辟为上海市内“游民”、“残老”、流浪儿童和孤儿的教养外移基地。上海在战争时期遗留的未爆弹药也曾在此销毁。

军天湖监狱原是上海市军天湖农场，位于宣城市西南约 20 公里处，距离上海约 318 公里，318 国道从北侧穿过。军天湖监狱收押 10 年以下有期徒刑的罪犯，且绝大多数刑期不满 5 年，可关押 3000 人。

上海市白茅岭监狱和上海市军天湖监狱虽然与上海不接壤，但完全属于上海市管辖。

我也曾在宣城的广德试车场试驾过待上市汽车，在广袤的场地里体验汽车性能。那是一个巨大的试车场，总面积达 5.67 平方公里，包含 67 种典型特性路面，试验总长度超过 60 公里。它与上海也关系密切，全名“上海通用汽车、泛亚汽车技术中心研发试验中心（广德）”，俗称为广德试车场。

由于从上海出发已是中午，没有再去广德试车场，直奔敬亭山。

※

“众鸟高飞尽，孤云独去闲。相看两不厌，只有敬亭山。”李白曾在《独坐敬亭山》中对山枯坐，沉思低吟。

6 月 19 日，我就住在敬亭山。

当晚，我虽未独坐，却独行，一人绕山间小径一个时辰。冥冥之中，我无意间效仿了前朝诗仙的旷世孤独，寄情于这绵亘十余里的敬亭山。

这是我第二次到宣城，2006年我曾在黄山做导游的同学周晓国的陪同下，去了绩溪，访了龙川村，参观了胡氏宗祠。由胡一族，就让人感觉宣城文脉源远流长，历经六朝，隋、唐、宋、元、明、清……不愧是地处江南，通都大邑。

我们太容易说出宣城是因为什么被人们熟知。其实，根植于这片江南之地的草木山川似乎集聚着灵气，故事传说俯拾皆是，活色生香，仿佛晋唐。

北有大江横绝，中有泾川纵贯，敬亭山、清凉峰耸立其间，使宣城民风淳朴，安土重迁，自给自足而不外求，不乐廛（chán）市，成为归隐的去处和寻求闲静的乐土。

继南齐谢朓、唐李白之后，白居易、杜牧、韩愈、刘禹锡、王维、孟浩然、李商隐、颜真卿、韦应物、陆龟蒙、苏东坡、梅尧臣、文天祥、汤显祖、文征明、石涛……接踵而来，有的是来为官一任，有的只为寄情山水。他们徜徉在宣城的天地之间，让无天柱山险峻、九华山灵秀、黄山奇崛的敬亭山“吟无虚日”，成为开创山水诗的江南诗地。

山无名士不兴。

大约在公元753年（天宝十二载）秋，李白客居宣州。李云行至此，李白陪他登谢朓楼，设宴送行，作古风体诗歌《宣州谢朓楼饯别校书叔云》送别族叔李云。或许，只有在宣州的层峦叠嶂和清涧溪流间，李白才能仰天而叹：“俱怀逸兴壮思飞，欲上青天揽明月。抽刀断水水更流，举杯消愁愁更愁。人生在世不称意，明朝散发弄扁舟。”

次日，我们寰行中国一行抵达宣城辖下泾县，雨后初霁，神清气爽。

我无法知道李白乘舟离去是否有雨后的离愁。李白的《赠汪伦》吟颂的桃花潭正是位于宣纸的故乡泾县。据说，李白当年受泾县名士汪伦相邀而来，适逢春风桃李花开日，二人诗酒唱和，流连忘返。“桃花潭水深千尺，不及汪伦送我情”，仿佛信手拈来，两人之谊可见一斑。

※

宣城始名于晋，宣纸闻名于唐，文人荟萃于敬亭山之际正是宣纸名声大噪之时。毋论因果抑或巧合，宣纸之于宣城，无法分割，已然符号。

宣纸的分类极为复杂，按纸纹可分为单丝路、双丝、螺纹、龟纹等；按厚薄可分为扎花、绵连、单宣、夹宣等；按纸面洇墨程度则分为生宣、半熟宣、熟宣。

宣纸的秉性就藏于这熟与未熟之间。

写意山水多用生宣，因它性情跳跃，不拘一格，难以掌控的小性子考验着落笔者的功力，但那灵动飘逸的墨韵也就在这一人一纸的斗法中延展开来，水走墨留，眼见着纸上的画便有了灵气。

工笔画讲究精巧，一羽一须都力求细致，适宜用性情较稳当的熟宣。熟宣在质量较好的生宣纸上加刷胶矾剂而成，耐磨性好，便于反复绘制。层层涂抹之间，山水渐渐显露层次，花鸟也生动起来，都是这熟宣配合乖巧，令下笔者得心应手的缘故。这温婉的性子像极了大家闺秀，世人常以“珊瑚”“蝉羽”“冰雪”等称之，唐代名贵一时的“澄心堂纸”“薛涛笺”和“金花笺”，也都是它的别名。

“轻似蝉羽白似雪，抖似细绸不闻声”的美誉，令人闻之心动。柔韧如绵，纯白如雪，光而不滑，不蛀不腐的宣纸，以当地的青檀树皮为原料，“以悬崖深山清泉洗涤，日晒夜露自然漂白”，经过多达 140 多道的精细工艺，手工制成。

在泾县中国宣纸文化园，我参观了宣纸的制作流程，每个环节都要技巧和手艺，即便偷师，又谈何容易。

泾县宣纸技师介绍说，日本人前来偷师居心叵测：在参观的过程中，低下头来让领带浸湿在纸浆里，带走的原料水拿回日本做纤维分析。但是，即便日本人无所不用其极，宣纸还是“宣”纸，只能生长于斯。因为，泾县山泉水里的矿物质日本人带不走，依然要从宣城大量进口。

有唐以来，那些选择在宣纸上挥洒传承的艺术翘楚，不惧怕束之高阁、不畏惧辗转流离，走向了时间的深处。那不蛀不腐、白如冰雪的宣纸，以纸寿千年的勇气，走出了这座徽州之城，在 1500 多年里，或轻柔或疾愤地记录着属于这个国家的记忆。

6 月 20 日的宣城，“两水夹明镜，双桥落彩虹”，用宣纸记录着且行且书的从容，也以碧洗的晴空送别我的宣城之行。

2014 年 6 月 21 日写于景德镇、10 月 5 — 6 日二稿于北京

寰行中国
|DAY2：古法宣纸

第二日，来到了“文房四宝之乡”的宣城。打开车窗，悠然的墨香味，匀着阳光洒向车内。千年历史的宣城，自古人文荟萃，自西汉起便一直是江东大郡。名扬天下的宣纸，因宣城得名。

在泾县中国宣纸文化园，我们探访正宗的宣纸制造工艺。园内多个作坊，直观展示宣纸的工艺流程。

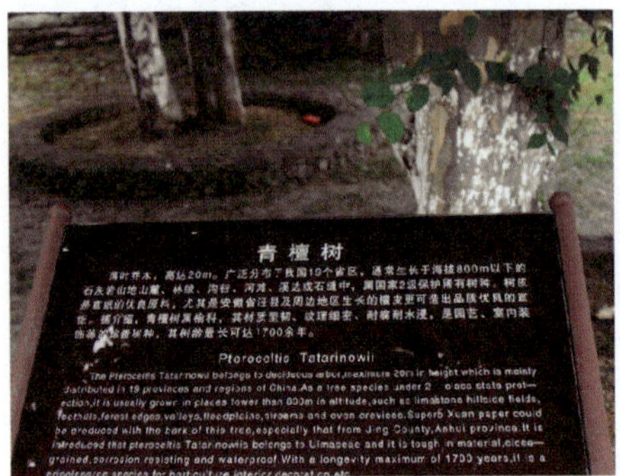

①	②
③	④
⑤	
⑥	⑦

附录

一张宣纸的诞生

①选料：《宣纸说》中写道，纸之制造首先在于料，主要原料有檀皮、燎草等，以生于山石崎岖倾仄之间者为佳，制造出来的宣纸，吸附性强，不易变形，抗老化，寿命长。

②碓皮：第一个加工作坊是碓房，工人师傅在石臼里放好原料，用一个“大锤”进行舂捣、打压，直至粘和成一张“皮”。这道工序，以前是靠人工踩踏，现在则是机械带动。

③切皮：把打出来的“皮”叠加起来，用刀切成小片。这道工序看起来简单，实际别有门道，需要一些时间才能上手。

④踏料：切好的皮，放入小缸，进行“踏料”。经过不断踩踏，原料混成一团。工人师傅踩踏的节奏、速度，匀称有力，非常考究。

⑤袋料：踏料完毕，放入纱布袋中，在水池里来回搅动，将原料的精华部分“纸浆”，从纱布袋里流出。水池中的两具龙头分外醒目，亦如在吐玉喷丝。

⑥捞丝：由两位工人师傅协同操作，一位掌帘，一位抬帘，均匀地将纸捞出来。再由一位师傅将纸叠堆在一起，平均每天一千张纸。

⑦晒纸：初步晾干后，放入烘房，用松毛刷将纸刷到烘壁上，一定时间后，再揭下来，重复这一流程几次。烘好的成品，工人师傅工整地堆叠放好。进入夏季，这一工序对工人师傅的身体是个考验。

⑧剪纸：宣纸制造工艺中的最后一道流程，工人师傅将烘干的纸，用一把大剪刀按尺寸裁剪，用磅秤称重，整齐放置，至此“轻似蝉翼白如雪，抖似细绸不闻声”的宣纸，跃然眼前。

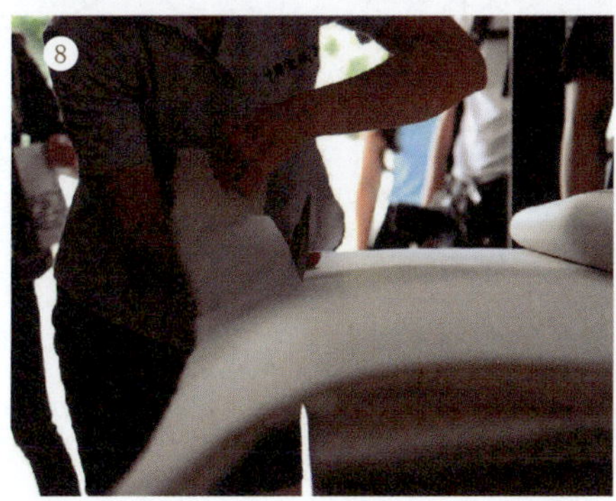

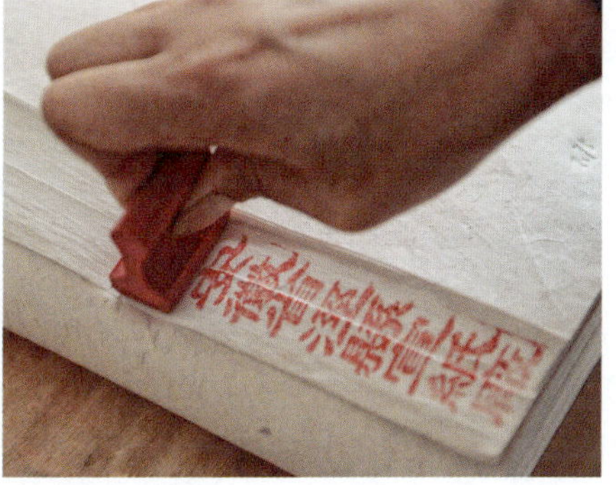

3| 安庆：一城一曲一沉浮

◤闻黄梅飘香，叹皖韵悠长。一城一曲，如诗如画。◢

——文化寻访·安庆

五岁的黎明
五岁的马
你面朝江水
坐下

四处漂泊
向不谙世事的少女
向安庆城中心神不定的姨妹
打听你，谈论你

可能是妹妹
也可能是姐姐
可能是婚姻
也可能是友情

这首《给安庆》，是海子的诗。海子是安庆辖县怀宁人，这个生于安庆乡间的诗人在1987年写下这首给故乡的诗。

坦白说，我读不懂这首诗，如同这首诗里海子没有读懂安庆。

安庆，“万里长江此封喉，吴楚分疆第一州”，曾是安徽省的省城。千年古城、文化之邦、百年省会、戏剧之乡……“孔雀东南飞”就发生在安庆，“不越雷池一步”发生地“古雷池”也在安庆望江境内，“龙山晓黛”、“塔影横江”、“菱湖夜月”、“大观远眺”皆为宜城胜景。不过，这些既是安庆人引以为傲的标签，也是繁华已尽的谈资。

公众提及安庆，往往会浮现出黄梅戏、安庆军械所、太平天国。其实，安庆还是中国禅宗佛教发祥地。北齐天保三年（552 年），二祖慧可由嵩山少林寺至司空山，“掘石窟而居禅，造重阶而通术”。唐天宝二年（743 年），玄宗始敕法师本净在圣地营建“无相禅寺”。二祖慧可将衣钵传于徒弟僧粲，于天柱山下建三祖寺。沿江名刹安庆迎江寺，始建于北宋开宝七年（974 年），寺内建于明代的振风塔被誉为“万里长江第一塔”。

而我，一想起安庆，就想起回家。

我的家乡与安庆隔江相望，每次回家必须从安庆渡江。不过，对于我的爹爹（安庆方言，即“爷爷”）来说，安庆就是“省里”，去安庆就是去“省里”。因为，清乾隆二十五年（1760 年）至民国二十六年（1937 年），安庆是安徽省布政使司和安徽省会所在地。在民国时期，安庆还曾与重庆、武汉、南京、上海并称为“长江五虎”。

于我，安庆是必经之地。对安庆，印象较深的一次是 2010 年 10 月 18 日，我访问陈独秀孙女陈长璞。我曾在一本书里这样描述对安庆的观感：秋日里的安庆，已显出萧瑟之气，与安徽南部其他城市不同的是，这座城市被人称为“十年没有变化”。这座安徽省的前省城、开风气之先的沿江重镇，如今只能作为一座三线城市，渐渐淡出了人们的视野。

安庆工业在 1861 年就囊括了中国近代工业中官办、官督商办和商办三种典型形态。清咸丰十一年（1861 年），曾国藩创设安庆内军械所，科学家华蘅芳曾在此主持制造中国第一艘轮船。光绪三十至三十四年至 1920 年代中期乃至抗战，安庆近代工业高涨，随着省会北迁，经济环境动荡，那个曾与武汉、南京齐名的沿江城市，衰落而去。

※

2014 年 6 月 20 日，“寰行中国”从宣城出发，沿长江向西回溯，与温润之城——安庆相遇了。

巧合的是，当年的安庆移民，就是沿着这条线路迁徙而来。“元以后至今，皖人非古皖人也，强半徙自江西，其徙自他省会者错焉，土著才十一二耳。而皖人则亦惟元以后至今为甚盛。”

在元末至正（1341 — 1370 年）至明初永乐（1403 — 1424 年）前后近一个世纪，来自赣东北和徽州府的移民或避战乱，或由明政府组织，聚集在鄱阳湖畔的瓦屑坝，这是一个古老的渡口，移民们在此乘船驶入茫茫湖水，驶向长江，也驶向了一个未知的远方。

葛剑雄在《中国移民史》里说：“明初迁入安庆地区的，是来自文化水准更高的徽州和江西籍移民。移民本身虽然没有产生突出的文化人物，却在二三百年后的明末清初造就了安庆地区的杰出人才，如方维仪（1585—1668 年）、方以智（1611 — 1671 年）等。到清代更是要才辈出，如方苞、方东树、姚范、姚鼐、姚莹、张英、张廷玉、戴名世、马其昶、吴汝纶等都是全国知名的。尽管其中的方氏、姚氏出于明以前的土著，但这些学者赖以产生的环境却主要是外来移民造成的。”另外，在方言语区上，安庆话也属赣语区，“与湖北东南地区紧邻的是皖西南赣语区，以安庆为中心，包括今安庆地区各县及池州地区的东至县，与赣东北的语音类似。”

瓦屑坝是这些移民们对于祖籍地的最后记忆，对于丧失了家谱和祖先记忆的移民后代来说，江西鄱阳瓦屑坝就是一个遥远的传说。

这个传说也与我有关。

在我小时候，曾经不厌其烦地问大人们，我们从哪里来的？家族长辈口中就会含混地说出“瓦各坝（瓦屑坝）”。后来，在东至周氏家族的家谱里，我找到了“瓦屑坝”，也稍事解开了我少年时期努力想解开的谜团。

※

安庆任家坡 45-59 号，英王陈玉成正在哼着京剧，夫人蒋桂娘却唱着黄梅调。

此时离1860年的安庆之围尚有时日，陈玉成在安庆周边招募了十多名黄梅戏艺人，在这座宅子里组建了黄梅戏班。这也是有据可查的第一个黄梅戏班。

军营里，谁知道自己能不能活到明天，谁能说出这无休无止的战乱何时才能结束，思乡、望归、疲惫、仇恨、攻讦……种种情绪错织，在黄梅调淳朴悠扬的唱腔和明快细致的表演里，短暂释放。

安庆人对黄梅戏的迷恋，从安庆乡村蔓延到安庆城里，又从安庆城里沿江而下。

这与一个人有关，他是丁永泉（丁老六）。

1926年秋，丁永泉率黄梅戏班首进安庆，在居民院落暗地演出，年底开始在闹市公开演唱。此后受“有伤风化”罪拘捕和“娱乐捐”盘剥，丁永泉被迫折返乡间。三年后，丁永泉二进安庆，又以“花鼓淫戏”被拘押，后被释。1934年2月，丁永泉率班赴沪，汲取评、越、扬、淮诸剧之长。抗战爆发后，丁永泉三进安庆。

1938年6月，安庆沦陷，丁永泉逃至乡间，初冬，潜入城内接家眷，与王少舫所在京剧班子“京黄同台”演出，未满一年即遭查禁。抗战胜利，丁永泉等一批黄梅戏艺人返回安庆，黄梅戏遂由一个农村小戏走向成熟剧种。

“正月采茶是新呐年，奴在家中莲花子开，点茶园呦……”从湖北黄梅到安徽安庆，黄梅戏深入人心。

这还不够。

丁永泉告诉后来对黄梅戏做出卓越贡献的严凤英，要唱安庆官话，不仅要安徽人听得懂，还要让下江人、北方人都能听懂。

严凤英，原名严鸿六，艺名取自《小辞店》里的卖饭女刘凤英。“女怕小辞店”，《小辞店》是一出极考验演员功底的戏，熟悉剧情的观众会要求不要锣鼓伴奏和二胡托腔，严凤英却艺惊四座。

《打猪草》里的陶金花、《天仙配》里的七仙女、《女驸马》里的冯素贞、《牛郎织女》里的织女……1949年后的严凤英参演了50多个大小剧目，参演的电影《天仙配》让黄梅戏红遍全国，位列中国五大剧种。

正在艺术鼎盛时期的严凤英遭遇“文革”，被指控为“文艺黑线人物”、“宣传封（封建主义）资（资本主义）修（修正主义）的美女蛇”，并被诬蔑为国民党潜伏特务，屡遭批斗。

未满38岁的严凤英服下安眠药，在冷漠的军代表们是否抢救的争论中停止了呼吸。但事情并没有就此结束，军代表甚至要求剥开衣服开膛破肚，看看肚子里是不是藏着发报机。

这天是1968年4月8日，黄梅戏的黑色日子。

严凤英一生共自杀过三次：吞金、上吊、服安眠药。前两次发生在1949年前，不堪凌辱的严凤英被救脱险，最后一次却在“文革”中毫无尊严地死去。

2014年6月20日，我们抵达安

庆的第一站，就是瞻仰严凤英墓。经过一段鹅卵石甬道，里面绿荫葱葱，严凤英墓及严凤英纪念馆就在这菱湖公园的黄梅阁内。1987 年，严凤英骨灰被安放在基座里。菱湖公园里，安庆市民演唱着黄梅戏，依旧喜欢模仿严凤英的唱腔。

1988 年 3 月 11 日，马兰主演的黄梅戏《严凤英》播出，清亮的眼神，婉约的扮相，恍惚间，仿佛严凤英又回来了，用她沙甜的嗓音……

在黄梅戏的传承中，名角斗艳，韩再芬无疑是黄梅戏继严凤英之后的又一个高峰。

在安庆，再芬黄梅艺术剧院、再芬黄梅公馆，集韩再芬、李萍、刘国平、余淑华、

马自俊、吴美莲等著名黄梅戏一级演员的再芬黄梅公馆，也位于安庆市菱湖公园。2014 年 6 月 20 日晚，我们在再芬黄梅公馆观看了黄梅戏演出，最低票价只需 80 元，舞台两侧的立柱上打出戏文字幕，座位舒适，青年演员轮番登场，演出颇受好评。

这一剧种正在薪火相传。

6 月 21 日，黄梅戏一级演员李萍畅谈“黄梅”。她说，黄梅戏原名“黄梅调”或“采茶戏”，是 18 世纪后期在皖、鄂、赣三省毗领地区形成的一种民间小戏，其中一支逐渐东移到以安徽怀宁为中心的安庆地区，与当地民间艺术相结合，它们逐渐地又由小歌舞形式进化成“三小戏”，并吸收当地的罗汉腔、青阳腔、弹腔加以变化，开始演出《乌金记》、《七仙女下凡》等 36 出大戏和《打猪草》、《卖斗箩》等 72 出小戏，用安庆当地语言歌唱、说白，形成了自己的特点，被称为“怀腔”或“怀调”。这就是今日黄梅戏的前身。后经过与徽剧的融合，再揉入安庆地区本地的山歌调子，以安庆的方言为载体唱出，逐渐形成了今天的黄梅戏。

“舞台为大，院长和我们都在为年轻演员让台。”李萍频频提及的院长，便是韩再芬，是继梅兰芳之后第二位被美国国会图书馆“收藏”的中国戏剧艺术家。

李萍说：“在安庆，现在喜欢黄梅戏的孩子越来越多，戏校招生比以前要好了。因为他们可能看到有去处了。读完学校之后这儿有一个再芬剧院，我想让孩子到这儿来，以后会有发展。我们有平台、舞台给这些黄梅戏的未来。”

“闻黄梅飘香，叹皖韵悠长。一城一曲，如诗如画。”黄梅戏是一朵清香的蔷薇，永不沾水的荷叶，温柔了安庆的岁月，也舒展了人们的心。

2006 年 3 月 29 日、2011 年 6 月 7 日、2014 年 6 月 22 日、10 月 5 — 6 日写于北京

附录

一级演员李萍：黄梅戏一直在吸取众家所长

黄梅戏是在清朝的时候形成的，形成之后，只有三打七唱，基本就是田间小调，很简单的那种朗朗上口的小调。

黄梅戏不分行当，我从小学的第一出戏是花旦，现在已经演老旦了，还演过小生。比如，严凤英老师有她的那一派，很多人愿意去学。但是像我的嗓子，也许学不了她，那我只能是唱她的韵味。在这么多年的演出中，我才慢慢形成了我的唱法，大家也很喜欢。但是，严凤英老师那一部分，我不能丢，那个韵味我不能丢。

到今天为止，我们黄梅戏也没有固定，可以吸取所有之长。我们还吸取了话剧的表演。在台上就可以看到，我们的那种表演，严谨的表演，戏曲的东西，全都有。《天仙配》是 20 世纪 50 年代排的。严凤英老师身上没有多少水袖功，但是王少舫老师是京剧出身，他身上的"玩意儿"特别多，一招一式，不乱的。后来，严凤英老师拍《女驸马》，不一样了，她有水袖功了。严老师集众家之长，从兄弟剧组评剧、昆曲、京剧……那儿一点一点学来的。

安庆地区的黄梅戏一团，在改革开放以后急需演员在舞台上演出，就招了我们这一拨。我们很幸运，招来之后就不演过去的样板戏了，演一些古装戏。

古装戏突然放开，在 80 年代特别火爆。我们有的时候一天演四场，基本从早晨起来就开始化妆，一直到晚上，就这样连续地演。我们幸运的是那个年代有那么多人喜欢黄梅戏，有那么多的机会让我们在舞台上演出。

2005 年年底，撤销了安庆市黄梅戏三团，安庆市黄梅戏二团更名为安庆再芬黄梅艺术剧院。这是中国戏曲界唯一以个人名字来命名的剧院。在组院的时候，安庆有三个团，三个团有三个团的风格，三个团有三个团人的不同想法。当时韩院长就把三个团的人"揉"到一块，但是有很多人，包括我也不理解，因为戏剧团有很多过去老的那种传统的东西。比如，戏曲演员是不坐班的，但排练、演出，一个电话，必须得来，舞台为大，家里有任何事，都没有理由请假，成立了剧院后，必须得每天练功、上班。这么多年磨合，我觉得是对的，基本每个晚上演出完了，十点结束，大家抓紧时间休息，早上九点到排练场，孩子们开始跑，开始练唱，我觉得特别好。

韩再芬院长觉得要让孩子立即到舞台上摸爬滚打，才能成器。韩院长说，我们老演员让台给孩子们。现在台里、我们这个院里，我手上有几个戏，基本就会在小演员中挑，你学这个戏，我就每天早上上班的时候，开始磨，磨完了之后大家有一个专家组，一看，他可以上台了，就上了。而我自己就开始不上台了，而是给孩子们做后勤。

黄梅戏还需要更大的支持力度。安庆黄梅戏这么多年只有三个梅花奖得主，缺乏新的戏出来。因为我们有刘国平、吴美莲、于淑华这些好演员，在外面也能有好本子。但就是在资金上缺了点。

请大家关注黄梅戏，不能让这么好的剧种只留在安庆，我们做了很多努力，也请大家一起帮助宣传黄梅戏。

寰行中国
DAY3: 黄梅戏

第三日，“黄梅戏之乡”安庆。这是一个有戏的地方，未入城，便已听闻它的淳朴流畅明快抒情。在众多的戏曲中，黄梅戏可以说是离生活最近的剧种。黄梅戏没有传统沉重的包袱，因此也没有太多的束缚。黄梅戏的唱腔、伴奏、语言、曲调、剧本都非常讲究，韵味丰厚、细腻动人，具有丰富的表现力，艺术特性鲜明。

昨晚在再芬黄梅公馆观赏了《夫妻观灯》、《戏牡丹》、《天仙配》等经典黄梅戏表演，国家一级演员李萍分享了关于黄梅戏的艺术心得，一同探讨了黄梅戏的历史与传承。

从基本唱腔、手势、形体，李萍亲自指导，演绎了《女驸马》《天仙配》等剧目选段。我等穿上戏服，摆起功架，体验了一回黄梅戏的魅力。

与其他戏剧相同，黄梅戏也在唱、演两块独具风格，要唱出韵味，非一日之功。短短几分钟，虽然只是浅尝，但大家对黄梅戏这一经典国粹，有了更浓的兴趣。

安庆，这座拥有丰厚文化底蕴的城市，让戏更有戏。传统国粹经典戏剧，在这里诞生、发展、传承，焕发出新的生命。“寰行中国”·中国文化之旅，在这里过足了戏瘾。我们继续启程，向“瓷都”景德镇行进。

4| 景德镇：不息的千年窑火

◤水云萌动间，伊人白衣素袂，裙带纷飞。千年的烧窑，只为一见那倾国倾城的青花。◢

——文化寻访·景德镇

一座城以皇帝的年号命名，一座城的产物成为一个国家的代称。

这座城为何有如此的魅力?

因为“china”。

在景德镇，我询问制瓷艺人，为何景德镇遍地都是陶瓷。

“因为景德镇的人只会做陶瓷。”

答案似是而非。但是，要多么浓烈的激情，才能使一座城，千百年来只专注于一件事。

这一切都要从“城以瓷兴”说起。

说它是座城，原本只是一个镇。景德镇因为“五方杂处”，“窑户与铺户当十之七八，土著十之二三”，有“十八省码头”之称。东晋时，它叫新平镇，唐武德四年改镇为县，仍叫新平。因居昌江南岸，又叫昌南镇。“china”，即源于景德镇旧名“昌南”。北宋真宗时(公元1004—1007年)，官员到镇督造瓷器，陶工在瓷器底部写上“景德年制”。真宗年号“景德”与这个镇，从此再未分开。

既生瓷，便生业。景德镇与安庆、池州接壤，景德镇的日用瓷对周边地区的民

间生活影响甚大。我的家乡离景德镇不远，总会看到写有“景德镇”字样的饭菜碗具。小时候，一旦我不小心摔碎了饭菜碗，奶奶会拾起来，看看能不能补。有时，她会惋惜地说，“哎呀，摔碎了景德镇的碗。”奶奶很清楚，景德镇的碗，珍贵！

景德镇将自己的风土人情统统都打上了陶瓷的烙印。

千百年来，景德镇以瓷立镇，城围瓷砖，这安身立命的专注，让一座城与一项艺术在传奇中发酵，瓷音水榭、明代葫芦窑、宋代龙窑、玉善堂、风火仙师庙、清代镇窑……2014 年 6 月 22 日，“寰行中国”在景德镇踏访了千年的瓷器工艺，领略了一炉窑火里的坚韧、细致和耐心。在古窑民俗博览园，小器手工作坊，景德镇瓷器的工艺流程——拉坯、印坯、利坯、挖足、施釉、画坯一一展现。青花瓷、青花玲珑瓷、粉彩瓷、颜色

釉瓷的各种古法手艺、绘制方法，也让我醉心于此。

※

景德镇窑火里的陶瓷并非一开始就精美夺目。

东汉时，陶瓷始现，“质甚粗，体甚厚，釉色淡而糙”，“只供迩俗粗用”；魏晋时，以其温润耐用，取汉代铜器和漆器而代之。景德镇瓷器以晋代陶工赵慨为祖师爷，始于汉，兴于宋，盛于清，千年以来，集历代名窑技艺精华，独树一帜。“白如玉、薄如纸、明如镜、声如磬”的景德镇瓷器在清乾隆时期就以其精美奇巧的造型，五彩缤纷的釉色，华缛多姿的纹饰，闻名于世。

说起来，景德镇瓷器兴起受益于宋朝的轻武重文，时风细腻，艺求典雅。宋季的汝窑、官窑、钧窑、哥窑、定窑等五大名窑是精美艺术与精确工艺的结合。受此影响，景德镇独创的青白瓷，清淡高洁，俊秀挺拔，享誉“饶玉”。色质如玉的青白瓷一出现，远销海外，让景德镇跻身于宋代名窑之列。

在景德镇的精美瓷器上，画师的画笔精致，线条细如毫芒，文饰工笔精细，设色明净艳丽。不尽的崇山峻岭，无际的皓月长空，遮天的古树瀑流，闲适的亭台楼阁，枯坐的渔人钓客，矍铄的长者仙翁……都可在景德镇的历代工艺美术大师手中栩栩入画。

在景德镇，我向工艺大师们请教了青花瓷、颜色釉瓷、玲珑瓷、粉彩瓷等四大传统名瓷的工艺特征。公众最为熟知的青花瓷，被人描绘为“素胚勾勒出青花笔锋浓转淡，瓶身描绘的牡丹一如你初妆”。青花瓷以素净取胜，“白釉青花一大城，花从釉里透分明”，将人们的目光从缤纷的色彩中解脱出来，蓝白相映，怡然成趣。

而我则被玲珑瓷所吸引，毫不犹豫地买下一套精美茶具。据记载，青花玲珑瓷是在明宣德年间镂空工艺的基础上创造和发展起来的，已有500多年的历史。它融青花技术之长，集镂雕艺术之妙，玲珑剔透，精巧细腻，具有清新明快之感。清代景德镇御窑厂制作的玲珑瓷就已具较高水平，但产量甚少，仅供宫廷使用。

在景德镇，镇窑是迄今保存最完整、最具价值的古窑。镇窑是烧制特色传统瓷，尤其是颜色釉瓷最合适的窑炉。镇窑以松柴为燃料，对于火候的控制，有极高的要求，当地人用“三年出一个状元，十年出一个窑火师”来形容对窑火的把握之难。

※

窑火难测，在景德镇却能历千年不熄。

因为景德镇的手工制瓷技艺代代相传，或父传子，或师传徒。

79 岁的王炎生就是其中的一位。作为中国非物质文化遗产传承人，拉坯的王炎生善拉葫芦瓶。王炎生是家族第五代拉坯传人，“我是子承父业，我父亲向我外公学的拉坯。”从 11 岁起，王炎生就已经跟随父亲学拉坯，不过王炎生的孩子却没有延续祖上的手艺。王炎生说，景德镇普遍存在师傅把徒弟教会了，徒弟最后反过来会拆师傅的台，所以许多师傅都很保守，不愿意带徒弟。

曹开永和陈圣发的剐坯和利坯技艺则是传自师傅。1939 年生人的非遗传承人曹开永回忆说，“1955 年 2 月，我跟着师父高金钱学剐坯这门手艺。学了两个多月，上坯、锉刀都会了，正式上车时，师父也是手把手地教。我想收几个关门弟子，把我的这项手艺传承下去，也算对得起国家给我的认可和补贴。非遗继承人的称号、证书和奖金可不能让我的技艺代代相传。”渴望收徒的陈圣发生于 1930 年，11 岁拜师学习圆器利坯技艺，他说：“圆器利坯手艺其实很简单，只要认真学一个月就可以‘入门’，最多只要花一年时间，便可以十分熟练。”

显然，已届高龄的制瓷艺人放不下手中的技艺，景德镇的手工制瓷技艺面临薪火相传。在古窑遗址里，作为游客的我们只看到，景德镇的窑火里——上色、淬炼、成型……烧制出一件件精美瓷器，却忽视了这窑火里的一切，由时间来上色、淬炼，却需要手艺来成型。

景德镇的城市深处，件件瓷器在窑火里出落的白如玉、粉如颊，而艺人的双手却垂垂老矣。

2014 年 6 月 22 日初稿于九江、2014 年 10 月 6 日写于北京

寰行中国
DAY4：景德镇瓷器

第四日，“世界瓷都”景德镇。中华向号瓷之国，瓷业高峰是此都。景德镇的瓷器，以“白如玉，明如镜，薄如纸，声如罄”蜚声海内外。“china”，即源于景德镇的旧名“昌南”，足见其影响力。

“寰行中国”别克·中国文化之旅来到景德镇古窑，探访瓷器制作工艺，感受景德镇瓷器的传承与发展。先后探访瓷音水榭、明代葫芦窑、宋代龙窑、玉善堂、风火仙师庙、清代镇窑等景点，看尽千年瓷器史诗的妙韵，深切体会瓷都历史文化的博大精深。

如何古法手工制瓷

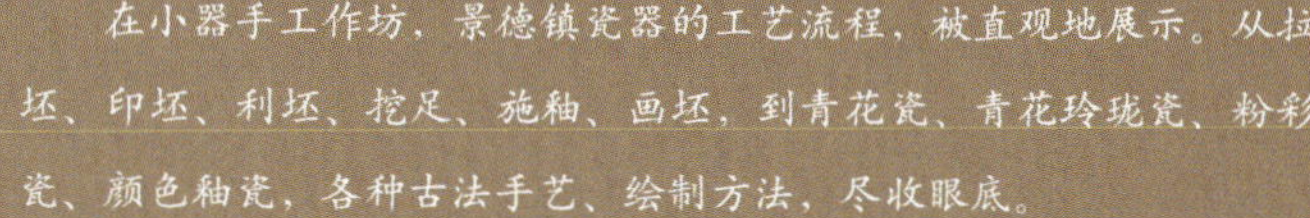

在小器手工作坊，景德镇瓷器的工艺流程，被直观地展示。从拉坯、印坯、利坯、挖足、施釉、画坯，到青花瓷、青花玲珑瓷、粉彩瓷、颜色釉瓷，各种古法手艺、绘制方法，尽收眼底。

①拉坯：将泥房内准备好的泥料，放在轮车上，借旋转之力，用双手将泥拉成坯体。是瓷器成型的第一道工序。师傅娴熟的技艺，让拉坯现场，犹如一种舞美艺术。

②印坯：将半干的坯体，放在模具上，通过印制拍打，使坯体规格化、统一化，是重要的定型工序。

③利坯：坯体放在轮车上，根据外形及尺寸的要求，用刀精修表面，使瓷表光洁，厚薄均匀，形体连贯，是极为重要的一道工序。

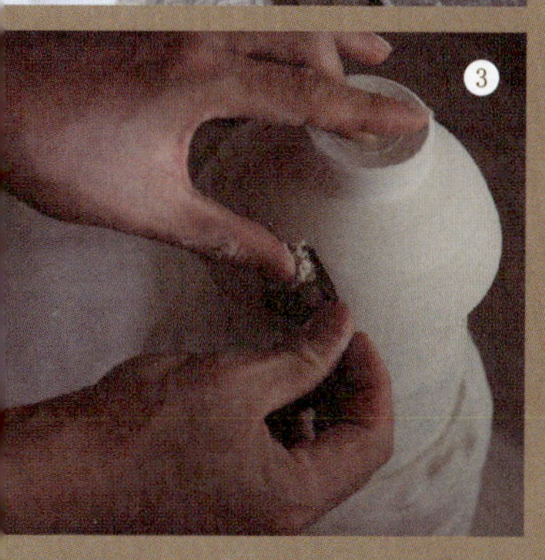

④挖足：将拉坯时留下的泥切削一部分，挖成底足。

⑤施釉：在成型的坯体表面施以釉浆，使其均匀地附着于坯体表面，主要有蘸釉、荡釉、浇釉、刷釉、洒釉、轮釉等多种方法。

⑥画坯：分釉上彩和釉下彩。

“共计一坯工力，过手七十二，方克成器”，每一道工序都是纯手工制作，古法古艺。

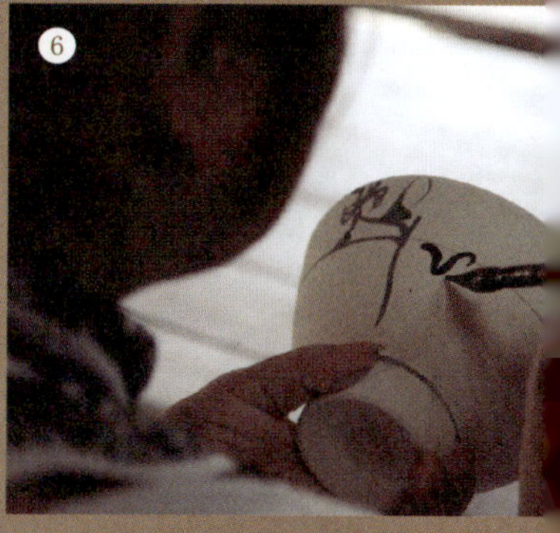

5| 武汉：昙华林，小巷深处多徘徊

◤时光变迁，岁月流转，如何辨识你今世的容颜，过去是尘封的旧照片。◢

——文化寻访·昙华林

昙华林，中西文化交汇之地，风雨不变百年古街。1861 年汉口开埠后，昙华林一带逐渐华洋杂处、比邻而居。步行在这幽静的街道上，艺术和设计氛围弥漫。然而，历史上，这里确实别有一番风味。

据说，明清时，这里曾是湖北全省各县秀才下榻苦读之地。

书声琅琅，今安在？

6月23日，我随“寰行中国”别克·中国文化之旅来到了这里，来到了粮道街的这片老街区，来到了花园山和螃蟹岬之间。

郭沫若说，“昙华林”得名似与佛教有关。不过，在昙华林，佛教寺院倒是少见，多的是圣诞堂、仁济医院、瑞典领事馆、文华学院等西洋建筑。

据说，古时的昙华林因佛、道得名。转至 1861 年，以花园山为主的意大利教区，以戈甲营为主的英国教区，以螃蟹岬为主的瑞典教区和以昙华林正街为主的美国教区传至昙华林，天主教和基督教特征的宗教建筑由是而生。

穿行在昙华林的小巷深处，林则徐、张之洞在这里留下了历史痕迹，老武昌的市井生活也刻在了时光里。

更多的，这是个小资的去处，少女的曼妙身影、艺人的手绣雕塑，以及明信片里的老武昌，都让这个逼仄的所在拉长在了时光里。

昙华林 32 号，一栋独门独院欧式洋楼。从门里看天井，彩色玻璃、雕花栏杆，无不显示出异国情调。共进会领导人刘公，在这幢老房子里设计制作出了辛亥革命军旗——“九角十八星旗”。

昙华林 75 号，清末北洋水师翁守谦住宅。

昙华林 81 号，江夏民居建筑——粉壁、黛瓦、灌土墙、小天井以及木构屋顶。

昙华林 141 号，徐源泉别墅。

国民政府军委会政治部第三厅旧址也在昙华林区域。厅长郭沫若想必在这里穿巷而出。

※

如果没有感受昙华林的夏日时候，我对武汉的认知会多一份吊古怀乡之感，因为崔颢的《黄鹤楼》“昔人已乘白云去，此地空余黄鹤楼。黄鹤一去不复返，白云千载空悠悠。晴川历历汉阳树，芳草萋萋鹦鹉洲。日暮乡关何处是，烟波江上使人愁。”

“日暮乡关何处是，烟波江上使人愁。”远行的人们每想及此，便会多一层怅然若失的底色，乡愁而起。这来自我的个人体验，2006 年，我曾游黄鹤楼，虽然是假古董，但是登高望江，难逃悠远古风。

昙华林给我带来了武汉别样的气息，带来了关于武昌的新思想，一如当年远涉重洋而来的神父、牧师和修女们，带来了昙华林街区的繁荣，也带来新教育、新知识。

从戈甲营 44 号的小铁门进去，有一座基督教崇真堂，这是基督教英国伦敦会的杨格非牧师于 1865 年主持兴建的，它是产生在武昌的第一座基督教堂。1924 年维修改造后保存至今，为单层拉丁十字形的哥特式建筑，已经有 138 年的历史了。自 2000 年恢复使用后，周围居民经常听到优美的钢琴与和唱声从这里传出。

一片片的时光，在这个幽深的巷子里驻足过。在昙华林 81 号那扇古老的木门，多少人双手推开了一个多世纪的春夏轮回。

离开昙华林，当年教堂的钟声仿佛夏日清风袭面而来；那些曾在巷子中穿行的神父、牧师和修女们的身影，依稀在眼前飘过；那些达官贵要的沉重脚步仿佛在天地间回响……

寰行中国
DAY5：武汉昙华林

第五日，来到武汉。一座拥有千年历史的古城，一座自古就有“九省通衢”之称的特大城市。“十里帆樯依市立，万家灯火彻夜明”，无论从前还是现在，武汉一直是楚中第一繁盛处。两江交汇，三镇鼎立，登黄鹤楼远眺，武汉的城市之美，尽收眼底。这里文化底蕴深厚，是楚文化的发祥地之一。这里现代建筑与历史文化，有机结合，独树一帜的城市格局，魅力十足。“黄鹤楼中吹玉笛，江城五月落梅花”，长江自上而下，只有一个城市叫“江城”，而它就是武汉。

崇真堂

基督教在湖北的第一所教堂。哥特式建筑风格，平面为拉丁十字形，门窗采用二心尖券和彩色玻璃，屋顶则铺青砖小瓦，一派中西合璧的韵味。

“寰行中国”别克·中国文化之旅，来到了位于老武昌东北角的昙华林街。全长 1200 米，依城墙而展，是明洪武四年武昌城扩建定型后，逐渐形成的一条老街。这里各色建筑共融共生，中西文化交汇融合，别具一格的人文情怀，令人叹为观止。

探访昙华林老街，可以看到很多保存完好的近代建筑。1861 年汉口开埠后，中西文化的交流在这里向如果，我能停留，我愿意选择在这个温柔阳光的下午，坐在咖啡店里，看着墙上的明信片，守着门口轻盈而过的少女，惬意而赏心地去虚度光阴。

2014 年 6 月 23 日初稿于武汉，2014 年 6 月 25 日写于北京

荣共生，一座座具有中西合璧韵味的建筑，拔地而起。据介绍，昙华林有 50 多处近代历史建筑。可以说，这里程度上反映了武汉开埠以来的文化历程。

探访昙华林街，犹如在历史的汪洋之中取一瓢，武汉近代文化的缩影看得清清楚楚。

“寰行中国”别克·中国文化之旅还准备了惊喜的游戏环节，限量的昙华林礼物，纷纷大隐于昙华林之中，等待发现。

至此，“寰行中国”别克·中国文化之旅，第一条线走到了终点，富而思进，文而取和，是“都市文韵”线传达给我们的精神，上海、宣城、安庆、景德镇、九江，以及武汉，她们将进取、平和与勇决的文化特质表现得淋漓尽致，而这也是千年文化给我们留下的宝贵财富。

2014 年 6 月 28 日，我们再次启程，踏上“探奇巴楚”的文化旅途，从武汉到成都一起探访“敢为”精神。

昙华林 32 号
呈两进院落式总体布局，院门仿江南民居式石库门，前进主体为中西合璧 2 层洋楼，入口门廊采用科林斯双柱，后进为 U 字形屏幕天井院落。这是标志性的中西合壁式建筑风格。

瑞典教区旧址
属于北欧风格的建筑，砖木结构，外柱廊采用券拱式。写有“瑞典教区”四个字的匾额上方，是古典的飞檐翘角。

翁守谦故居
中国传统民居院落式布局，主体建筑装饰采用欧式风格，现为一家刺绣馆。

武汉
成都

第二部

探奇巴楚

「文化精髓：敢为」

6| 荆州：一鸣惊人待其主

◤绣针锁龙凤，楚绣在荆州。三千年的岁月在手起针落间慢慢积淀。◢

——文化寻访 · 荆州

“朝辞白帝彩云间，千里江陵一日还。”

从武汉启程，迅疾驶来，与1200多年前的李白一样，千里江陵，快意荆州，继而恩施、广安、阆中，直指成都。这也是一段流丽飘逸，惊世骇俗，美轮美奂，但又不假雕琢，随心所欲，自然天成的美丽旅程。

一句“大意失荆州”，让荆州早已植入中国人的心中。荆州古城，外中内依次是水城、砖城和土城，其古朴典雅的古城门，见证了太多的战火烽烟。然而，公元208年赤壁之战后，荆州一分为魏荆州、蜀荆州和吴荆州。吴荆州治所在荆州，南郡太守周瑜亲自坐镇。魏荆州和蜀荆州分别治于河南南阳和湖南汉寿。因而，荆州为世人所淆，此荆州非彼荆州。

荆州城固。据说，为防止城基下陷，洪水泛城，右城脚条石缝中浇灌了糯米浆。

此处占尽地利之望。荆州城池“东望武昌云历历，西连巫峡路悠悠”。《三

国演义》里，诸葛孔明曰：“荆州北据汉沔，利尽南海，东连吴会，西通巴蜀，此用武之地，非其主不能守；是殆天所以资将军，将军岂有意乎？”

如今的荆州古城，三国遗迹遍布。荆州古城墙，就是活生生的三国遗迹。小东门是刘备迎娶孙夫人之处，吕蒙破荆州欲杀关羽从此门水路潜入。

※

《通典》载关羽筑荆州城，始见于北魏郦道元的《水经注》：关羽北攻襄樊，闻荆州城为吕蒙所袭，叹道：“此城吾所筑，不可攻也。”

没有当年关羽筑荆州城墙，也就没有晋、隋、唐、宋、元、明、清的荆州城墙。行走在荆州古城，仿佛看到了关羽、张飞、周瑜、鲁肃在荆州沙场的金戈铁马，也仿佛目睹了曹操、诸葛亮、刘备、孙权等人在荆州故城的运筹帷幄。

在荆州，有关羽曾松甲的松甲山，曾卸甲的卸甲山，曾掷甲的掷甲山，有关羽赤兔马刨出的“马跑泉”，有纪念关圣帝驻军处的偃月城。马跑泉所在的八岭山上，还有落帽冢、安民冢等与关羽有关的景物。

在这里大谈三国荆州，其实是对荆州绵长文化的肤浅认知。其实，荆州是

楚文化的发轫之地，二十代楚王定都于此，屈原、伍子胥、岑参、文学“三袁”等都由此入世。

成就春秋霸业的楚庄王熊侣，一鸣惊人，堪称“敢为”之君。他是创“县”先驱，后为秦郡县制所仿。庄王少年即位，面临朝政混乱，貌似三年不理朝政，实则暗度陈仓，带领荆楚将士饮马黄河，完成祖先“窥中国之政”的夙愿。正如他的名言：“三年不飞，飞将冲天；三年不鸣，鸣将惊人。”熊侣曾两次伐宋，让宋臣服，继而鲁、郑、陈俯首。

公元前 591 年，在位 22 年的庄王病重离世，传位共王。楚共王晚年，晋悼公声势滔天，霸权旁落。此后，楚灵王身死人手，楚平王奸逆当权，楚昭王几为吴灭。

庄王已去，人亡霸灭。一如荆州，湮没在人们的记忆之中。

不过，楚国鼎盛时的 400 余年，国都位于郢（即荆州），荆州的历史也因楚而具荣光，其地楚辞，也领风气之先，开创了文学新样式，骚体影响至今不绝。同时，楚绣也在荆州凤凰涅槃起来。

离开古城，回望处，砖城逶迤挺拔，该向中国最完美的古城垣，暂别了。

2014 年 6 月 30 日、7 月 1 日初稿于恩施，2014 年 10 月 7 日写于北京

寰行中国
DAY6：荆州楚绣

在领略了第一站都市文韵的“进取”精神之后，2014“寰行中国”别克·中国文化之旅第二站“探奇巴楚”在武汉正式启程，首日来到荆州，作为楚文化的中心，荆州在灿烂的华夏文明中曾经独放异彩，留下深远影响。同时荆州也是三国文化发生和繁衍的历史圣地，在魏、蜀、吴三国时代，这里曾是兵家争夺的战略要地，“刘备借荆州”、“关羽大意失荆州”等脍炙人口的故事就发生在这里。

荆州博物馆

荆州作为古时兵家要地，荆州博物馆内的收藏自然极其丰富。其中以石家河文化的玉器和陶塑动物、楚和汉的漆木器、丝织品最具特色。它们汇集了历史文物的精华，展示了自远古至西汉本地区的历史变迁及多姿多彩的人文风情。

褐玉覆面：玉器馆中的镇馆之宝，已发现的先秦玉覆面一般为若干块薄片玉器连缀而成，这样整玉制成的覆面，目前仅此这一件。

夹纻胎漆盘：分量很轻，拿在手上几无感觉，盘子的纹饰叫作反转图，由2000多年前的楚人手工绘制而成，无论在哪一个角度看它都是对称的构造。

褐玉覆面

夹纻胎漆盘

荆州古城墙

始建于春秋战国时期，曾是楚国的官船码头和渚宫，后成为江陵县治所。现存古城墙大部分为明末清初建筑。砖城逶迤挺拔，完整而又坚固。荆州古城墙也是中国保存最完好的一座古城墙。

穿过宽阔的城门洞，沿着斑驳的城墙往东走，就到了寅宾门。这里有一个奇特的设计，每座城门均有“双保险”，前后两道门，二门之间建有瓮城，以便“瓮中捉鳖”，致攻城之敌于死地。

荆州楚绣培训基地

楚绣，作为一种用彩线刺绣的绘画艺术，在2300多年前的楚国都城便有“绣衣而豹裘者”的记载。刺绣人以普通的绢、锦等丝织品为绣地，在平整的丝织物面上勾画出花纹图案，再调配上棕色、深棕、橘红、朱红、金黄、黄绿等十多种绣线，以锁绣、辫绣、嵌绣、满绣等多种刺绣技法，描绘对色彩和图像的艺术理解。

在楚绣基地，我们一边刺绣一边聆听技巧讲解，其中最基本的针法为锁绣针法，针脚整齐、掺色轻柔、虚实合度、变化丰富，具有浓郁的楚文化浪漫主义色彩。

楚绣讲究的十刺绣工艺的苦磨精琢与艺术感悟的心有灵犀，在观赏之余，我们纷纷以线代墨，绣出属于自己的“凤穿牡丹”，亲历楚人在楚绣艺术中展现出的高雅审美趣味和奔放不羁的热情。

7| 恩施州：巴人、土司与峡谷

土家族、吊脚楼、土司、大峡谷、纤夫……恩施在我的脑海里遥远而陌生。

恩施土家族苗族自治州，春秋巴子国地，战国楚地。它屏藩全楚，控制苗蛮，南接潇湘，西连巴蜀，南通黔粤。在群山万壑中，纵使外面气象万千，这里的子民依然固执自我地独处一隅。

作为上古巴文化的发源地，恩施的历史多被冠以蛮荒。清季以前，它始终保持着原始和质朴的本色。土家族、苗族、侗族、汉族、回族、蒙古族、彝族、纳西族、壮族等 29 个民族在此繁衍生息，时有攻伐，偶有连横。

在恩施州，土家族作为远古巴人的后裔，传续至今。

春秋时，巴人建立了首个巴子国。据《华阳国志 · 巴志》载："其（巴）地至鱼复（今重庆奉节），西达棘道（今四川宜宾），北接汉中（今陕西汉水流域），南及黔涪（今重庆、湖北、湖南、贵州四省市接壤一带）。"《华阳国志》是东晋常璩撰写的一部专门记述西南地区的地方志。通过记载不难发现，巴子国疆域覆盖了后世巴楚文化带的大部。

公元前 361 年，巴人遭遇灭顶之灾。

这年是周显王八年，楚国攻占了巴之三峡地区和清江流域，巴国仅剩下嘉陵江流域和乌江下游地区。巴人向东拒楚，无险可守。这年也是秦孝公元年，商鞅受邀入秦，秦国北下攻伐巴子国，部分巴人退居武陵地区。

这被称为土家族的起源。

土家族自称"毕兹卡"或"贝京卡"，商周时称"蛮蜒"，后汉至南宋续有"五陵蛮"、"五溪蛮"、"酉水蛮"等多种称谓。宋时，巴人被称为"土人"，"土人"则称外来汉人为"客家"。

※

2014 年 6 月 30 日，"寰行中国"的车队来到了这片有巴楚文化、有峡谷柔情的土地。

恩施土司城是我们首访之地。费孝通先生题写的"恩施土司城"五个大字高悬在门楼上。不过，土司城并不是历史遗迹，而是由民间艺人承建的土家族地区仿古土司庄园建筑群。

土家族地区的土司制度，起于元，止于清，终于雍正十三年的“改土归流”，前后 450 余年。土司对中央政府纳贡称臣，中央政府对土司实行册封，准予自治。土司土地不入中央版图，人口不入中央户籍，生杀在掌、称雄一方。土司王堪称土皇帝，享有“世有其地、世管其民、世统其兵、世袭其职、世治其所、世入其流、世受其封”的权利。

在土司城的退思斋，湖北民族学院民族研究院雷翔教授告诉我们，“退思斋是土司及其族人闭门思过的地方，堂中供奉着彭公爵主、田好汉、向老官人三位先祖。”

“福石城中锦作窝，土王宫畔水生波。红灯万盏人千叠，一片缠绵摆手歌。”清代土家族诗人彭施铎在《溪洲竹枝词》中如是描述土家族摆手舞的欢腾起舞。恩施土司城九进堂里的戏楼，是展示“巴风土韵”的舞榭歌台。在这里，“三歌四舞”（情歌、山歌、哭嫁歌、丧舞、傩舞、摆手舞、铜铃舞）尽显巴文化的风情与神韵。

作为上古巴人的后裔，土家人崇尚的先祖廪君就供奉在土司城的廪君庙中。廪君名叫巴务相，胸有鸿鹄，率领五姓巴人沿古称为夷水的清江而上，去开疆拓土。直到古称“夷城”的恩施，才定居下来。从此，打渔狩猎的巴人过上了稳定的农耕生活，而他们的英雄巴务相却化为白虎。

土家人在这片巴务相守护着的土地上世代繁衍。

※

恩施州既有文明传绪的遗脉，也有大自然的馈赠。如果说土司城尽揽了土家族的民俗精粹，那么恩施大峡谷便是盛满了傲人的自然风情。

恩施大峡谷全长 108 公里，是清江大峡谷的一段。川流如画、风物闲美，恩施大峡谷透出一股灵动又神秘的色彩，巧夺天工、气韵凝厚。

“寰行中国”别克 · 中国文化之旅的车队途经 318 国道，将惊、险、绝、美、雄、壮的景观尽收眼底。身未动，心已远，武陵山脉的云海自沐抚峡谷里的清江升腾，犹如盘龙卧波蜿蜒百里，犹如一幅幅飘渺的水墨画。

八百里清江中，恩施大峡谷以气势雄阔的绝壁险峰，称奇于世。百里绝壁、千丈瀑布、傲啸独峰、原始森林、远古村寨这些景点美不胜收，让其与美国科罗拉多大峡谷难分伯仲，除此之外，两岸典型而丰富的喀斯特地貌也格外壮观：有天坑，有地缝，有天生桥，有溶洞，更有层层叠叠的峰丛，还有近乎垂直于大峡谷的大断崖。

恩施大峡谷每一寸都是风景。

我在雨中登临其间，怪石、奇峰在转眼间峰回路转，千奇百怪的喀斯特地貌让天坑、地缝、溶洞、断崖穿插其间。

天桥勾连起峡谷沿线大小 200 余个洞穴群落，洞口以石壁相隔；云龙地缝一分为二、怪石遍布，缀以苍翠古木，潺潺碧流，两岸的数条飞瀑流泉奔流而下。导游介绍说，云龙河地缝形成于 5000 万年前，从地缝顶部到底部的低层为 2 亿多年前二叠纪和三叠纪地貌。与上窄下宽或上宽下窄的地缝不同，云龙河地缝断面呈现 U 字形，类似的地缝只在罗马尼亚发现过。

每一寸风景都是大自然的馈赠。

恩施大峡谷历经亿万年的风云流转，形成了如今的奇幻风貌。灵山秀水、奇山异石之间总不免有动人的传说和轶事，更会留藏因为爱情的民间记忆。

这根高 150 余米，最小直径只有 4 米的石柱，被奉为天神赐予恩施的神秘福祉——遭逢灾难时点燃，寥寥青烟的升起，会让天神下凡间救难，故名“一炷香”。旁边的“情侣峰”也因爱得名。相传，土家族曾有一对恋人私奔不成，在恩施大峡谷的石柱下殉情，幻化成两座山峰紧紧相依。

我们在一路风雨纷飞中，入谷翻山，感受恩施州的土家气韵和恩施大峡谷的巍峨美景。29 个民族的交融共处，融和而不融合。他们既礼敬祖先，也敬畏自然，既尊崇于佛祖，也感念于鬼神。他们懂得如何去尊重颜色不同的烟火，也深谙“悼死如庆生”的超脱。

附录

湖北民族学院民族研究院雷翔教授：

恩施专家谈土司：土家语日常交流，只有几千人

雷翔（湖北民族学院教授，长期致力于土家族历史文化、苗族历史文化和民族宗教信仰研究）口述

中国分南方中国、北方中国。南方中国就是汉藏，以汉族、藏族为代表。除了汉族之外有三大系统，三大系统里面，藏缅以藏族为代表，藏族、彝族是最大的，然后是壮族、侗族，接下来是苗族、瑶族，这是三大块。而土家族属于藏缅，也就是说和藏族、彝族有亲缘关系。这种民族谱系最主要的代表就是语言，土家语属于汉藏语系，藏缅语族。

从土家族历史来说，我们通常把它分成三段。第一阶段是廪君时期。当时南面的蛮族主要有三支，板楯蛮、廪君蛮和盘瓠蛮，而土家族很多都是板楯蛮和廪君蛮的后裔，盘瓠蛮主要就是苗、瑶。廪君作为南方蛮夷当中的一支，在秦汉，魏晋南北朝以前，见著于历史记载的是《后汉书·蛮夷列传》，有一系列的君故事，从长阳开始清江流域有很多廪君的故事传说，说廪君死了之后，魂魄化为白虎，所以白虎、廪君蛮以及白虎彝，被今天大多数土家族学者、土家人当成是他们的祖先崇拜。

从历史发展时期来说，魏晋南北朝以前也是相当于原始时代，称为溪洞时期，到唐宋以后还说这个地方古代是九溪十八洞。九溪和十八洞实际上都是一个略数，只是说它多，虽然也有一些古籍在考证九溪是哪九溪，十八洞是哪十八洞，但是我们还是把它认为是很多的溪洞。溪洞是武陵山区土家族居住区的一种地貌特征，很多的溪流，很多的洞。这里所说的洞既有把它解释成为山洞，但是更多的是说山谷和峡谷。溪洞还是一种社会组织，实际上说九溪十八洞不仅仅是在说九条溪十八个洞，主要还是在说以溪洞为标志和连接的人群，是说九溪是九个人群，十八洞是十八个人群，这是一种原始状态，一种社会组织状态，也是一个历史发展阶段。

唐宋以后，前半段唐宋是羁縻时代，这个地方是羁縻州，羁縻郡，当时南方武陵山区，今天土家族所处区在唐代是前中都督府，前中都督府下管辖有 49、50、51 等不同说法的羁縻州，如今这些羁縻州多半都在土家族分布区。宋代是夔州道，夔州道下辖也是 48、49、50、51，不同的地理书有不同的说法，这段时间大概也还是继承唐代的这些羁縻州、羁縻郡。元朝、明朝、清朝以前的羁縻州郡变成土司，宣慰司、宣抚司、安抚司和长官司不同级别的土司，最多的时候这个地方土家族土司有 30 多个，历史书上说改土归流的时候，湖广有 15 土司，明代地理有土司志，土司志上说湖广 18 土司，也就是今天的恩施州、湘西州。除此之外，还有当时的贵州，当时的四川，贵州的铜仁卫，四川的重庆卫，下辖还有一些土司，这个地方是羁縻州和土司时代，这是土家族历史的第二阶段。第二阶段和朝廷有一定的联系，建立了一些组织关系，有朝廷命官，但是多少相当于今天的土司制度，是世袭制。世袭制的羁縻州郡长官和土司，以及今天我们看的土司神实际上就是指那一个

时代的痕迹。

第三阶段是土司时代从雍正七年到雍正十三年。这一阶段是改土归流。雍正十三年（1735年）改土归流，取消土司制度，设置正规的州府郡、州府县，比如说当时的恩施改土归流以后，以前的施州卫和湖广十八土司，一起归辖为施南府，施南府下当时设六个县，恩施、宣恩、建始、利川、咸丰、来凤都是那个时候命名的。雍正十三年改土归流以后，就和汉族地区差不多了。

一直到新中国建立，开始做民族鉴定，土家族是1957年中央统战部国家民委下文认为土家族是独立的民族，单一民族。当时建立了湘西自治州，到1958年“三反”，停止下来。一直到1980年开始，重新做民族自治，到1982年成立了恩施自治州，然后周边土家族有30多个自治地方，到现在将近1000万土家族人。

从文化的角度来说，民族学说文化的时候多半从三个层面，一是他的生产生活方式，就是人和自然之间的关系。通常我们归结为经济这一块，也就是说他们的谋生方式。从这种角度来说，土家族的特点是山地，他们是山地民族。在恩施武陵山区有三个最主要的少数民族：土家族、苗族、侗族。侗族是谷地，主要是在山谷，那是一种高度发达的小流域文明。苗族更多的是在山坡，实际上更多的说寨子都是在说苗族。而土家族主要是在山上做游耕制度，所以他们的生产生活方式带有游耕特点的特别多。游耕其实在其他地方都把它称为畲田，那是他们的生活生产方式。这和相应的土家族整体上作为藏缅民族的历史文化传统有关系。

社会组织就是溪洞。溪洞的社会组织更多是改土归流以后朝廷推行的结果，而在这一块地方的社会组织，包括风俗习惯，以及作为社会组织社会制度的民间表现，那就是风俗习惯。风俗习惯比如说上门女婿、收养义子这些在改土归流的时候都被认为是恶习的内容，还有就是习惯于搬迁，流动性比较强。这也和历史传统当中的这一块相关性比较大。

然后是信仰，是精神文明。精神文明就是祖先崇拜。祖先崇拜里面的廪君山的白虎。这样一种特征实际上和周边和整个汉藏民族共同性比较多，但也是有相对的区别，也就是说和苗瑶集团的苗族和壮侗集团的侗族相融，共同生活，又是相区别的，他们之间的边界性也比较明确。

我们可以见到，大家看到的民族文化，衣食住行各个方面都有。在饮食习惯上面既有传统的各种各样的加工、小吃，土家族小吃系统里是南北交融的，既有南边糯米食品那些蒸制的各种粑粑系列，也有北方的饼，像恩施城的烧饼，这是来源于北方麦面的加工。其实恩施最有特点的饮食系统还是以前的射猎，采集的竹笋、武夷菜、蕨菜，还有一些昆虫蜂蛹，这是饮食的特点。特点就是把山里边能吃的东西都搬进入了大家的食物链、食物谱系之中。比如说这个地方吃果子狸是传统，那个时候叫白面，有的说白眉子。当然了，今天是保护动物。还有这个地方的竹鼠，竹林里边的一种老鼠，以前也是食物当中的一种。本来山居民族，就是靠山吃山，山里边的这些东西都是食物的一个组成部分。当然站在今天的角度来说，不能这么做。

在建筑上面也是靠山，这个地方的人住的是吊脚楼，许许多多土家族的歌都是唱吊脚楼。其实在这个地方是依山，因为山区如果说像平原这种庭院的话就要挖山，挖山可能破坏比较大，吊脚楼不需要挖山，就靠在山边上搭建，下面抬起来，吊脚下面养猪养牛，人住在上面，这和热带雨林的赣南建筑只不过是一种山地的转换。当然今天你们看到的九进堂里面虽然有一些吊脚楼的基本特征，那已失去了这种在山地甬道山水之间的特点了。

在穿着上面，今天你们看到的舞蹈上面都有那种比较突出的花纹特征，那叫西兰卡普，相当于土家织锦，实际上西兰卡普土家语直接翻译为花铺盖。这个铺盖在土家族传统里边晚上睡觉是铺盖，平常上山打猎就是披风。一直到七八十年代还有传统，嫁出的姑娘生的小孩外婆家必须要送去一床小花铺盖，睡在摇篮里面的就是铺盖，抱着走的时候就是披风，是一种仪式性的传统。

在歌舞上面比较突出。他们认为特征最丰富的有几个重大仪式。过年的时候闹年，那叫摆手舞。以前据说是在土王庙前跳摆手舞，有的地方是从正月初三一直到正月十五，那是祭祀舞蹈，大家围着圈跳，但是唱的歌都是说土王怎么样怎么样，当然也有一些生产劳动的歌曲，这是仪式歌中的一种。

再就是哭嫁。哭嫁实际上不一定光是土家族，从上海好像长江流域哭嫁风俗就普遍存在，但是这个地方可能保存的时间要长一些。这个地方的哭嫁风俗好像一直延续到改革开放以前。

跳丧也是比较著名的，那就是在丧葬仪式上支一个大鼓，跳的时候有一个领歌在那儿领着唱，其他的随着和。用的时候基本上是用假嗓子，唱的是尖尖的唱法和山上喊民歌的那种嗓音来唱，所以特别高。跳的时候也比较有特点，都是蹲着跳，在堂屋里边，跳丧是比较著名的一种歌舞形式。

土家族从哪里来?

实际上按照我们的一种谱系划分的话，人都是这么一种迁徙。从祖缘追溯的话是属于笛羌。笛羌系列是从西北这么过来的，但这只是一种说法。今天的考古发现，有人认为这是巴人的后裔，而巴人最先的文化遗址认为就是源于三峡地区，源于清江流域，也就是说清江流域的上古文明，包括三峡，长阳、清江的下游发现的那些占卜，和商周时期甲骨上面的占卜一样，它也有很多占卜的残片，用青鱼的骨头青鱼的鳃，那上面刻画的文字被认为是古代巴人刻画的图文。

但是复旦大学李辉教授曾经到这里来做采样，这里有一些悬棺葬，从基因现代体质类学鉴定结果来看好像就是南方民族，而且吴越的成分还比较重。当时李辉来做采样工作，陪他去找山里边的老土著说，这一看就是南方人，圆圆的脑袋，个子矮矮的，这是吴越民族的一种特征。

从今天土家语来看语言属于笛羌系列，藏缅就是古代的笛羌。今天藏缅一直到这边的彝族，还有大家熟悉的云南那边的民族，泸沽湖、摩梭、傈僳族、白族，云南的大多数民族都是属于笛羌系列。所以族源更多的可能还是本地，因为从廪君蛮看，也就是说受到周边影响，要说是别处迁来的好像还是有些牵强。因为这个地方其实文化沉淀一直不断，从新石器以前，甚至于到旧石器。中科院古籍研究所，他们有一个攀登计划，就是希望找到中华民族的本地渊源，就在这一块地方找到一些古猿人化石，建始就是其中之一。

土司不属于国王？

土司有他的一种渊源，从政府的定义来说，唐宋的羁縻制度是顺着下来的，这样一种羁縻制度更多的还是帝国的边疆政策。

今天我们比较混淆唐代的边疆制度和外交制度，我们都说是民族制度，因为那个时候的吐蕃，严格地说唐朝还是把吐蕃当成敌国，还是属于外交制度。而这边的羁縻州是属于边疆制度，土司也认为他们是朝廷命官。另外因为他们渊源于溪洞首领，而且他是这个主体里的一个组成部分，在这边对于这些土民而言，他们就是皇帝，可以任意剥夺他们的财产。

说土家语的人多吗？

真正把土家语当成交流语言，就是日常还在使用，大概现在就几千人。今天老百姓都听得懂土家语的区域有五六万人。

包括恩施吗？

恩施实际上是属于卫所地区，连土司地区都不是，恩施城是以前的司州卫，也就是说从唐代开始这里就是朝廷命官驻地，以后是卫所，是驻军队，像天津卫一样，是卫所，驻军的地方。恩施这边大多数地方大概在明代土司时期土家语基本上就消失了，其他地方也一样。

最主要是官话？

西南方言，西南官话。基本上没有卷舌音，有一些后鼻音和前鼻音有混淆错乱的地方。西南方言好像最大的特点就是声调，其实大家最敏感的就是声调。声调上面因为西南官话区和这边分开，在宋代就分开了，所以传统的入声制归并的时候，在西南方言区的入声制全部进了阳平声里面，而在普通话北方话里面分别在四声里面，所以声调上面区别比较大。

土司的继承制度是什么样的？因为土司肯定有很多子女，是像皇帝那样长子继承制度，还是清雍正以后的弄一个密筒，到死后再拿出来，因为土司不是世袭的吗？

从明代大概是正德年间，因为土司关于争继承权多次出现内讧和战争，朝廷就规定要家里有哪些人，以及每生一个后代都必须要上报，还有相关的所有子女成年的时候都要去读书，像恩施这边湖广土司当时就指定在荆州府学，凡是土司子弟都必须在荆州读书。在读过书的这些当中基本准则还是嫡长子，正夫人生的长子，要是长子废，顺序其他的，要给朝廷提供理由。基本准则还是宗法准则，嫡长子继承制。但是真正执行的时候里边问题很多。

土家族一直没有文字？

南方民族都没有文字，不光是土家族，其实文字的形成不仅仅是一般的社会发展，没有国家但有文字在历史上从来没有过。

我们说有文字的很多，像壮族、布依族、水族，那都是传教士进来之后给他们做的文字，是传教士为了传教来根据他们做的平音文字。还有一种现在炒得比较多的，像壮族有老壮文，像纳西族的东巴文字，实际上严格意义上说，它不是文字，它是宗教人士为了把他们的唱腔记录下来，不是一种交流工具，只是它的内部只有东巴的那些传承人，师傅带徒弟，这跟我们民间说的鲁班文字，和木匠的刻画符号是一样的。东巴文字虽然有象形文字雏形，但实际上它不是一种交流工具。真正意义上的文字实际上南方民族可能只有那个时候的大理国、南诏，建立了国家，它要有相关的政令，必须要选择用汉文还是自己另造一种文字，其他的好像都没有发现。

这边也曾经发现过一些用汉字记录土家语，这样一种记录有人说它是文字，因为它相应的为了记录，语系不一样，直接记录记不下来，就对汉字有一些处理，用汉字的偏旁，也就是说做出了一些汉字，和以前的壮文和白族的白文多半都是这种类型，但是不系统。

为什么重建土司城?

当时也想过去修复那些遗址，但是修复遗址也有一个问题，因为那些遗址要么像恩施城原来卫所遗址，下面还有一些县城，但是后来清代修的城、明代修的城、新中国修的城都累加在上面，没办法做。还有像现在申报世界文化遗产的永顺的老司城，咸丰的唐崖司城，唐崖土司城特别偏远，那时候修那条路都很难修，要走五六十里，也正因为要走五六十里才保存了下来。因为恩施是卫，是统管湖广十八土司，所以属性就是建立在这样一种展示的角度。

当时最先建的时候其实还没有说是做土司城，就说是民族大观园，希望把民族文化在这个地方来一个聚集展示的模式。但是后来费孝通先生等人到这里来视察，说这地方就叫个土司城吧，而且题字题了个土司城。

民间传说土司王住的九进啊，金子铺地，这些传说很常见。

土司下面的官员都叫什么?

不同的土司任意性比较大，但是普遍是设旗，像容美土司下面有24旗，以旗为单位，相当于原来的一个溪洞。当时旗组织记载最清楚的是永顺土司48旗，每一旗在什么地方，就相当于今天的乡镇一样，当然以前是什么洞，这些洞就转换成为什么旗。另外还有一个官府组织，官府组织也是各地方有所不同，容美土司下面就设了四个长官司，长官司就是分管一块，在另外一边在他这里又设了一个中营，中营下面有四个府，南府、北府、东府、西府，中营相当于是亲兵营，是本家家族的。

赋税制度怎么样?

赋税制度基本上是以人头为准，不是按土地。

其实在那个时候土地供给特别多，土家族是山地民族，采集、狩猎，伴随游耕，就是烧火山，今天烧这一片，明天烧那一片，今天砍了之后一把火一烧，烧了之后就在上面，那个时候又没有今天的洋芋、红薯，就是种荞麦、小米，种巴山豆，那都是只在表层，一把火烧了之后就在表层留下，熟的时候把它摘下来，只是把谷穗摘下来。

那个时候各个土司对于收税的叫法不同，容美土司叫火坑钱，一家有一个火坑，也就是说每立一个户必须每年给我多少。但是更多的还是服劳役，要到土司那里去，土司有军事性，卫宿，巡逻、守卫，再就是朝廷征召的时候出兵。

永顺土司叫锄头钱，进山去挖东西，按锄头算锄头钱，其实还是按人头，按能够开荒种地的人，也就是说当家人，他是用锄头钱，因为整个山是属于土司的，你要去种就给他交。

寰行中国
|DAY7：恩施土司城

第七日，来到恩施。恩施东连荆楚，南接潇湘，西临渝黔，北靠神农架，恩施自治州除汉族外，还居住着土家族、苗族、侗族、白族、蒙古族、回族等28个少数民族，多种民族文化在此汇聚，使它成为民族融合的平台。

恩施土司城

恩施土司城仿古土司庄园建筑群而建，在曾参与恩施土司城建设规划的设计师、湖北民族学院民族研究院雷翔教授的陪同下，先后探访九进堂、戏楼、什用殿、退思斋、逸园等景点，看尽土司文化，亲身感受古老而淳厚的民风民俗。

九进堂是整个土司城的核心部分，由333根柱子、333个石柱础、330道门、90余个窗、数千块雕花木窗、上千根檩子、上万根椽木组合而成。举目望去，亭台楼角、层檐飞爪，高低上下，错落有致，显出雄奇、巍峨。九进堂里的戏楼，是展示"巴风土韵"的舞榭歌台。

什用殿是土司处理军机政务的地方，也是土司王城的中心。殿堂壮观、独特，飞檐五层，

上三层为圆形，下两层为方形，偌大的建筑结构显示着王权的威仪，彰显土司“处世圆融、操守方正”的从政理念。堂中是白虎图腾像，上高悬“仁民爱物”四字。

“反躬思己过，面壁辨人非”，退思斋是土司及其族人闭门思过的地方。堂中供奉着彭公爵主、田好汉、向老官人三位先祖，土司家族在这里面对先祖，自我更新，以固先政。

逸院是土司家居的后院入口，反面正门上书有“瑞蔼华堂”牌匾，侧面绘有主题图画，传达逸院亲和与富贵的氛围。正门与侧门有尊卑之分，身份尊贵的土司及家亲从正门进出，丫环与奴仆从侧门进出。

探寻最后的毕兹卡文明

土家族是远古巴人的后代，他们的历史可以追溯到秦朝，而“毕兹卡”是土家语的汉语记音，也是他们的自称。参观完恩施土司城之后，“寰行中国”·中国文化之旅团队与雷翔教授一同探寻最后的毕兹卡文明。

从土家族的起源到他们的宗教信仰，从饮食习惯再到名为“西兰卡普”的土家锦民族工艺，雷翔教授为我们详细介绍了毕兹卡文明的演变。在互动环节中，雷翔教授为我们解答了土司的世袭制度以及恩施土司城作为民族文化展示的意义。

寰行中国
DAY8：恩施大峡谷

第八日，来到了雄伟壮丽的恩施大峡谷，车队途经318国道，将惊、险、绝、美、雄、壮的景观尽收眼底，身未动，心已远，武陵山脉的豪情与壮丽等待我们去领略。

领略恩施大峡谷的美景至少需要三四个小时，所以登山前的热身运动必不可少，这次“寰行中国”·中国文化之旅为队员们请到了一位重量级教练，那就是来自美国国家地理频道的主持人Harry，他与队员们一同探讨与分享体能训练的心得和旅途中的拍摄技巧。

Harry来自于美国国家地理频道，拍摄水平自然十分高超，这次他与队员们分享了三个拍摄技巧：where I stand、jump shot和fifty fifty。

Where I stand：

Where I stand是一种很直接告诉别人你在哪里的一种拍摄方法，它拍摄很简单，不需要别人的帮助，只需要选取一处有特色的地方，并把自己的脚拍摄进去。

Jump shot：

拍摄Jump shot的时候，要尽量将相机放置在较低的角度，以低角度甚至贴低地面拍摄，更能拍得跳跃更高的照片。

Fifty fifty：

Fifty fifty是一种常见的构图方法，利用物体的对称性，把画面分割成横向对称、或斜向对称又或是纵向对称的画面。

八百里清江中，恩施大峡谷以气势雄阔的绝壁险峰，称奇于世。百里绝壁、千丈瀑布、傲啸独峰、原始森林、远古村寨这些景点美不胜收，让其与美国科罗拉多大峡谷难分伯仲，除此之外，两岸典型而丰富的喀斯特地貌也格外壮观：有天坑，有地缝，有天生桥，有溶洞，更有层层叠叠的峰丛，还有近乎垂直于大峡谷的大断崖。

有人说“恩施大峡谷每一寸都是风景”。漫步其间，总有一块怪石，一片奇峰让人眼睛一亮。转眼间峰回路转，它们又变了一个模样换了一种风采，每一处都让人流连忘返。恩施大峡谷的“善变”性格让雨雾中的她更显不同，水远雾如烟，峡谷两岸的远山被云雾笼罩。

云龙河地缝

云龙河地缝位于恩施大峡谷山脚，全长近20公里，最深处近100米，地缝两侧绝壁陡峭，一道道瀑布飞泻直下，缝底云龙河潺潺淌过，水质清澈见底，缝壁茂密的灌木相互掩映，以险、俊、奇、幽的自然景象展现在人们眼前。

一线天

两壁夹成的狭长石巷，宽处不过2米，窄处仅半米，只能容一人通过。人行其中，仰望长空，蓝天仅存一线。

绝壁栈道

恩施大峡谷的绝壁栈道

建修在绝壁之上，险峻陡峭，队员行走于其中，如同腾云驾雾一般。

一炷香

一炷香可以算是大峡谷的镇谷之宝，高150余米，最小直径只有4米，风吹不倒，雨打不动，傲立群峰之中千万年，守护着这片神秘的土地。

亲临奇观，再多的时间也不够。在恩施大峡谷，这句话得到了验证。此地，文化与精致交融，这里是巴文化发源地，人文特色浓郁，且百里绝壁、千丈瀑布、傲啸独峰、原始森林、远古村寨，每一处都是风景。

8| 利川：大水井，一个家族的繁华与落寞

◤沿青石板路拾级而上，耳边传来阵阵鸟啼，指尖触摸到的是历史的留印，心，沉静了。◢

——文化寻访 · 恩施利川大水井古建筑群

环绕在群山峻岭中的大水井古建筑群，或许对于更多的人而言只是一个硬生生的符号和坐标。

原本我想，在这整个庞大而繁复的建筑群里，生活就这样过着，无非是大户人家的富贵日子。娶妻纳妾，延续香火、考取功名，汲汲于生也汲汲于死。这两百年如同待字闺中的女子，亦像一枚睡眼惺忪的古茧，萌动的深绿和娇艳欲滴的鲜红它都吸收得一览无余却巧妙地不留痕迹，呈现出一幅“庭院深深深几许”的典雅从容，却又有很淡的小家碧玉的江南之风。

或许是历史沉浮的仓促转身和喘息从潇湘之地传到不动声色的川鄂边境已经淡弱了很多，它给人的感觉多少有些老气横秋。在兵荒马乱的时代、熙熙攘攘的年代，它也曾想抖抖衣袖，轻抚尘埃，斟一杯清茶啜饮，然后谈笑风生地看着日落，即兴吟诗。

这种气质远远不同于皇城故宫，但是，在这里，大水井古建筑群却让土家族子弟成为它的子民。

不要折服于它淡然超脱的气质，它看似平静的表面其实隐藏了多少无处倾诉的苦楚。细细斟酌和翻看，才明白每一处完好无损处都有岁月自愈的痕迹。

那或许是一段比缠绕在一起的毛线还要理不清的旧事，埋藏在湖北省利川市柏杨区水井乡阎王三碥的半山腰上。想要利索地把线头提起来，或许并不是拍拍大水井建筑群屋檐上的尘土那样简单。日月已经把那些恩怨情仇慢慢打磨，在乡人的口口相传中面目全非了。

站在李氏庄园面前，想象着几百年前，李廷龙或许是穿着一身灰褐色的棉衣，站在黄氏庄院的门前叩门，一脸憨厚和真诚。黄氏主人看到这个落魄却精明的男人，呷了一口茶，便大方地让他做了账房先生。而这个账房先生，却不安分地和黄氏小老婆狼狈为奸，然后继承黄业，发家致富。

这个不光彩的开始却在之后被堂而皇之地冠以“龙归井，凤栖山”的宿命论解释：清乾隆中期，李氏高祖李廷龙、李廷凤兄弟，从湖南西迁入川，

分别落业于利川大水井和重庆马鞍山。确实我们有理由原谅李廷龙，原谅这个精明、有能力又有魅力的男人。你只需在庄园和宗祠里转上一遭，就甘心为他折服感慨，或许历史需要他出现，就像需要刘邦而不需要项羽一般充满了戏剧性。

在之后的岁月里，李家后人确实不辜负高祖李廷龙的才智。很快，李家腰缠万贯、富连阡陌，成为名符其实的土司王朝。之后便是理所当然地大兴土木、屋宇连栋。李家后人在黄氏晚明建筑、木架木壁的土家老宅基础上，砖木并用，中西合璧。洋洋洒洒地建造了颇具特色的“走马转角楼”、“一柱六梁”、“一柱九梁”等建筑格局。其装饰艺术也令人目不暇接，精雕细刻的柱础，玲珑剔透的窗棂，造型奇异的廊柱，曲径通幽的走廊，精致豪华的陈设，使整个庄园富丽堂皇而不俗气。在欧式建筑的大门上方写着“业绍龙门”四个大字，下面横框内写着“大夫第”三字。中堂右为花厅，左为账房，丹池“忍”字两旁楹联为：新知涵养转深沉，旧学商量加遂密。前厅、中堂、后堂皆设有井，沿天井回旋上下左右，逐台升高，楼道互通，而彩楼迂回高矗，可观整座大院，有数门可供出入。

院内的窗棂有雕花和石刻景，天井中的防火池或方或圆，或刻或雕皆为一体。占地 4000 多平方米，共 24 个天井，174 间房屋没用一根铁钉，全部采用木骨架，回廊彩檐吊脚楼，按“风水”、“八卦”及地理条件，环环相扣，互相依托，互为衬顶，布局随心所欲，恰到好处，而又不乏严谨，下雨天，到庄园每个房间都不会湿脚。该处从明末清初到民国年间，由东而西多次兴建，集不同历史时期的建筑风格特点，那一个个窗饰，一处处石刻，仿佛是凝固的音符，组成一部无声而恢宏的土家民居建筑交响乐，穿越历史和时空在耳边久久回荡。

到了李廷龙的另一玄孙李盖五这里，也就是李家最后一任族长。李盖五因兄弟分居便造宅于“葡萄翁”，嫌其地名俚俗，便取名“高仰台”，取意“高山仰止”。李盖五住宅的落成，不仅从点上增加了该建筑群的密度，而且从左右两边进一步烘托出李氏宗祠的中心高度，从大画面上增加了该建筑群体的对称、协调和“堂上一呼，阶下百诺”的气度。 这也就基本是如今大水井建筑群的全貌了。虽然历经岁月的缝补，跌跌撞撞的成长，却恰到好处不显蹩脚。密密麻麻地交织出一首历史与岁月的史歌。

但李盖五的传奇绝不仅仅在于此。他生于光绪十四年，从小“治经史，习帖括之学”。之后他到成都法政学校学习，正好四川保路运动风起云涌，李盖五积极参与，加入“宣传部”及“文牍部”，每天和同学沿街演讲，唤醒民众，誓死护路。这是一个热血青年的种子。之后他积极参加革命，曾任“县会”议员、“参事会”参事。民国五年，经团部被推举为奉节、万县、云阳、巫山、开县、大宁等六县团务委员会副委员长，多次平息匪乱，颇有声誉。

民国十五年，打着济国军旗号的土匪头子贺国祥率领1000余名枪手盯上了李家庄园。李氏家族放弃四周的庄园，全族男女老少七百余口，全部退入李氏宗祠，坚壁清野，与贺国祥相峙。却不料宗祠蓄水池一夜全部漏掉。在这飞来的横祸面前，李家勉强维持了两天便出面与贺国祥交涉。赔了无数枪支银元才换得平安。

之后李盖五招募民工，花大价钱，修建了一道长25米，厚3米，高8米的夹墙，将水井围入祠堂范围内。水井夹墙于民国19年竣工，李盖五亲笔在夹墙的正面题写了“大水井”三个字，每字70厘米见方，行书阴刻，气势狂放。

金树榕于民国十九年吟“代作大水井太平清醮联”，联曰：

说什么燕息鸠安，数百户民家戴月披星共作劳人防巨寇；
杀不尽狐群狗党，五千言道德御灾捍患总延羽士育真经。

这太平清醮，说不准即是为水井修夹墙而举办的。

1949年以后的李盖五，命运是坎坷的。他是开明绅士，新中国成立后主动交出财产，并以民主人士身份当选奉节县一届人民代表会议常务委员、副主席。之后这个乡绅便带领族人进行土地改革。当时他以什么心情和方式进行改革的我们不得而知了。但无论如何的与时俱进，终究不是“根正苗红”，这给他人以可乘之机。当地农会却以其隐瞒财产为由，将其关押在李氏仓屋之内。李辩解无效，愤而绝食绝水，七天后死于仓屋。

询问李氏庄院后人的去向，据说一个末代小姐住在奉节，现今也是七十高龄的老妇了。 也有毕业于中央大学，曾在重庆渣滓洞主管无线电通讯，1949年后坐监出狱到新疆某电台工作。如今，李氏后人，时常到老屋祭祖。

临走时，从望华门出去。据说，在“文革”时，当地的红卫兵将望华门三字铲除，写上了“毛主席万岁”五个大字。岁月流逝，风雨侵蚀，今天的望华门上字迹斑驳，已无法辨认。

踩下油门，这个原本生硬和陌生的符号已慢慢在我心里被暖热、温润。可是又有哪位游客能暖热那些在风雨中依旧沉默的建筑？能换来它所怀念的香火徐徐、儿女满福？如今，它只能在原属奉节的深山里，宅后山坡布满了当地人的坟墓，做一个慢慢被人熟识的符号。

2014年7月3日初稿于广安，2014年10月8日写于北京

寰行中国

DAY9：利川大水井

第九日，车队来到渝鄂边境上的建筑明珠——利川大水井。

大水井古建筑群坐落于《龙船调》的发源地——利川市柏杨坝镇的莽莽群山之中，由“李氏宗祠”和“李氏庄园”两大建筑组成，这里民族风情醉美浓郁，巴楚文化水乳交融，整个建筑群像一首由土家唢呐、木笛、叶笛、锣鼓加西洋长号奏出的三部曲。我们在利川大水井古建筑群管理员谢书达的带领下，见证了李氏家族的荣与辱。

利川大水井的建筑风格有中西合璧的西式拱圈回廊，从吊脚楼、屋构穿斗式骨架、门窗雕花、中式天井到精美石座雕刻、小青瓦、马头墙……三进四厢布局，四周环高大垛墙，传承了中国式的中轴对称，等级分明。其泮泛黑的廊柱、斑驳的壁画、脱漆的匾额、塌陷的侧梁、精美的家具，遗留在源远流长历史建筑物上的痕迹，是山区土家族建筑艺术上的瑰宝。

李氏庄园内的西式拱圈回廊坐落于典型四合院式布局中，凿切规整的石板平铺的院坝，堪称中西合璧的院落。庄园内建筑采用了土家传统的吊脚楼形外廊，以及全木质结构，整个建筑用榫卯、竹钉相互连接。

李氏宗祠外的山墙采用了徽派建筑风格，飞檐和屋脊均有青花瓷碗碎片镶嵌成各种图案。

李氏庄园

李氏庄园是大水井古建筑群主要建筑之一，是李氏先祖李廷龙第五代孙李亮清旧宅，整座建筑栋宇相连，阁楼高耸，雕栏玉砌，中西合璧。朝门匾额“青莲美荫”，系取唐代诗人李白自号“青莲居士”中的“青莲”之意，表明庄园主人以李白后代自诩，借历史名人以光耀门庭。从明末清初到民国年间，由东而西多次兴建，集不同历史时期的建筑风格特点，那一个个窗饰，一处处石刻，仿佛是凝固的音符，组成一部无声而恢宏的土家民居建筑交响乐。

李氏宗祠

李氏宗祠是一个集政权、族权、神权为一体的宗法封建堡垒，呈中轴对称布局三路三进院落，中轴线上总体建筑分为前殿、拜殿、祖宗殿、左右两路为双廊式厢房，宗祠前部为条石纵联砌筑堡墙，左右后三方依山势起伏为石砌护墙，并设置护卫枪孔，祠内族规、家训木刻楹联、瓷嵌图案等琳琅满目。宗祠东北角有一口由高大石墙围护的水井，墙外有李氏最后一位族长李盖五亲笔书写的“大水井”石刻，“大水井”名字由此而来。

一口井，一座城

这口“大水井”并没有想象中的那么大，但整个建筑群，却因它而得名。它的“大”并不表现在体积上，而是体现在浩瀚的工程量上，水井四周之所以修起高厚的25米夹墙，内有72步石梯复道与祠堂暗连，目的是为李氏遭人围困时不致断水，避免重蹈民国时期因“围祠断水”而被迫向川军投降的覆辙，一口水井影响了一座城，甚至一个家族的历史，“大水井”的称呼名副其实。

探访利川大水井，犹如走在历史的汪洋中，李氏家族的缩影也展现在眼前，仿佛凝固的音符，组成一部恢宏的民居建筑乐章，多民族建筑文化气韵在此一览无余。

9| 阆中：遍寻踪迹阅古城

停下步伐，感受古城的光彩，寻找这个城市最原始的痕迹。

——文化寻访·阆中古城

阆中，阆中。

阆中于我，就像是久别重逢的朋友，未曾谋面，但她的名字却在我脑海里反复地兜兜转转，充斥着诱惑的挑衅。

也怪我，自从读了红楼梦里的“阆苑仙境”，自从知晓杜甫的“阆中盛事可断肠，阆州城南天下稀”，知晓苏轼曾赞“阆苑千葩映玉寰，人间只有此花新”，知晓陆游也曾在此留下了“城中飞阁连危亭，处处轩窗对锦屏”的佳句之后，便开始对她念念不忘，颇有些“情不知所起，一往而深”的意味。

所以，“寰行中国”出行时，并没有选择古意苍凉的平遥、柔软悠闲的丽江和书意墨香的歙县，独独去了最为低调含蓄的古城阆中。

2014年7月3日，当我抵达阆中的时候，果然，阆中是不肯让人失望的地方，古色古香的建筑，让明清遗风扑面而来。

据《路史》记载，伏羲之母华胥即诞生于阆中渝水之滨。这个当年在阆水浣衣的传奇女子，似乎冥冥中为阆中的命运做好了伏笔。当岁月仓促走过了几千年后，阆中形象和内容的配合慢慢酝酿，直到如蒸腾的水汽般浓郁而简洁明了。看吧，那些经过不同朝代的木窗有着细致安静的文理和色泽，雕花飞檐必是看过了沧海桑田才能那么从容优雅，还有密密麻麻的青瓦下盛开了繁复艳丽的梅花，衬着葱郁的绿色。一切好像一张水墨画里故意甩进了几滴油彩，鲜活而灵动。

阆中的每一条街道都具有自己的记忆和功能的标识，学道街这个名字离不开这座四川贡院。三进四合庭式建筑，纯穿斗木结构，考试时按天、地、玄、黄等编号。阆中的聪慧是显而易见的，在科举取士的 1300 多年间，阆中出了 115 位进士，404 名举人。如今，只需看看骄傲的“状元坊”“状元府第”，提及“兄弟状元”（唐代尹枢、尹极和宋代陈尧叟、陈尧咨）就已经不言自明了。

三国时，阆中是一个马革裹尸的战场。阆中后裔，周群、马忠、黄权、谯周、程畿都为蜀汉名臣。汉桓侯祠里供奉着张飞的躯体，长江三峡上的云阳则供奉着张飞的头颅。这汉桓侯祠，俗称张飞庙，明代又称雄威庙，刘玄德任张翼德为巴西太守驻阆中，七年后身首异处，令人唏嘘。

最值得一提的，还是她那“千水成垣，天造地设”的风水：山锁四周，水绕三面，至善至美，自然天成。是左青龙、右白虎、前朱雀、后玄武的传统风水穴地，更是中国古代建城选址“天人合一”完备的典型范例，也正是所谓风水学中“天心十道”的典型代表。有了这般天生丽质，后人更是用心雕琢了。据说航拍阆中时便会呈现出中国传统的“八卦图”，故谓“中国第一风水古城”。

水在山中、城在水中的阆中，自然是阆苑仙境。

在阆苑仙境，城中的街道十字或丁字相交。7 月 4 日，我走进阆中古民居的蒲氏宅邸、孔家院、胡家院，无一不是多重院落，游廊连接重重的厢房。阆中房舍特别重视与自然结合，有的宅院在重重天井中种植吉祥的乔木或花卉，有的则栽种盆景或建造鱼塘，同时家家有神龛，供奉“天地君亲师”。房屋上的握挑、吊檐、檐头、门窗、门楣，大多有雕饰。这些雕刻图案质朴，做工精细，恰到好处地点缀在构件的某些部位，特别是千奇百怪的镂空窗花，点缀出古民居的灵魂。

漫步在阆中，古民居映衬下的古城给人恍若隔世的神秘感。如果城中空无一人，你会仿佛置身于聊斋之中，一种森严、一种肃穆会袭面而来。

也难怪，古城的秘密实在是太多了，吸引过大批隐居者、风水师和建筑师。

西汉天文学家落下闳，“隐居落下”、在锦屏山下被铸成雕塑仰望苍穹，他发明了浑天仪，创立太初历并以正月初一为新年伊始。此后，阆中便吸引了一大批天文、数学家：东汉道教始祖张道陵，唐代著名天文学家、数学家袁天罡、李淳风……天地人和的理念使这座古城成了宗教圣地，张道陵在阆中云台山侨居四年，创立了巴蜀道教——云台教。清代的建筑巴巴寺埋葬着伊斯兰教嘎德耶林派祖师华哲阿卜董拉西，福音堂则是现存规模最大的基督教堂。

当我伫立在悠悠阆水旁，遥望水色天光，情不自禁地感慨“阆苑千葩映玉寰，人间只有此花新”的赞美。徜徉在阆中古城，瞧着纵横勾连的肥肥瘦瘦、长长短短，犹如长短句一般的古街、古院、古屋以及点缀着沧桑之意的古树；品味着这灿若群星的众多珍贵文化遗物……面对阆中，面对她跋山涉水千年温润，我除了为她低眉，以最欢喜的姿态和文字来为她细细整理妆容外，还能如何？

三毛曾说：“在每一个大城市里，我的心总是属于街头巷尾，现今世间的活泼才是牢牢抓住我的大欢喜。”或许她不知，即便在这样的古城里，迎面而来的浓厚的生活气息也别有一番风情：张飞牛肉和保宁醋实在是诱人的招牌和不舍得辜负的阆中特产；李家厨房里的桂花酒怎么会酿出爱情的清香呢？

华灯初上，家家户户的红灯笼亮了起来。我多么想细细端看阆中古城的容颜，可是看着她精致的轮廓时，似乎一切盛赞之词都显得蹩脚和拙劣。或许只能深情呢喃着：阆中，阆中。

2014 年 7 月 3—4 日初稿于四川阆中古城，

2014 年 7 月 13 日写于北京

寰行中国

DAY10：阆中古城

第十日，车队到达张飞曾经镇守过的蜀国军事重镇——阆中古城，阆中的建筑风格体现了古代的居住风水观，棋盘式的古城格局，融南北风格于一体的建筑群，形成“半珠式”、“品”字形、“多”字形等风格迥异的建筑群体，是中国古代建城选址“天人合一”的典型范例。

“风水之都，春节之源”，阆中古城不仅是中国保存较完好的四大古城之一，还是中国春节文化之乡，风水文化、宗教文化、三国文化、春节文化等多元文化及民俗在阆中古城繁衍共存。

穿梭于阆中的大街小巷，在古城中探寻阆中棋盘式的古城格局和融南北风格于一体的建筑群。“阆苑仙境，风水宝地”，古城的建筑布局融山、水、城为一体，保持着唐宋格局，明清风貌，加上古城内别具一格的多元文化，令人叹为观止。

“十丈栏杆三折上，万家灯火四围中。”从清代诗人金玉麟的描绘中可以感受到中天楼宏伟壮丽，气势夺人。作为阆中古城中心的标志性建筑，与古城风貌协调统一，从古城四个方向均可饱览她的丽姿，登上楼顶，视野开阔，古城的风水格局尽收眼底。

天主教于明朝末期传入中国，阆中古城内的天主堂按照西方哥特式风格修建，是阆中天主教信徒做弥撒的场所，也是古城里珍贵的宗教文化遗存之一。

行走于阆中古城大街小巷，不仅能欣赏各式各样的建筑风格，民俗文化同样引人入胜，味道纯正的民间灯戏，技艺精湛的皮影、剪纸……古城内居民悠闲自在的生活态度，更为阆中添上了一分浪漫色彩。

探寻阆中古城，仿佛行走在中国民间建筑的实物宝库，唐、宋、元、明、清各历史时期的古民街院、寺院楼阁、摩岩石刻都呈现在各位队员眼前。夕阳西下，夜幕下的古城显得十分的清静和悠闲，华灯初放，别致的宫灯样式的街灯给古城增添了古韵。漫步在夜幕下的阆中古城，美丽的夜景让人心情舒畅，毫无倦意。

寰行中国、
DAY11：张飞庙、贡院、胡家院

第十一天，车队继续深入探访阆中古城，在领略阆中棋盘式的古城格局和融南北风格于一体的建筑群之后，阆中用它沉淀了千年的足迹，给大家展示了悠久的三国文化，深厚的科举文化以及丰富的民俗文化，就像一个活生生的历史标本，矗立在时间的洪流里。

张飞庙

张桓侯祠，俗称张飞庙，是纪念三国时蜀汉名将张飞的祠庙。因张飞死后，追谥为桓侯，故名。张桓侯祠主体建筑均沿中轴线布局，由南向北主要由山门，敌万楼及左、右牌坊、大殿、后殿、墓亭及张飞墓和墓后园林组成。

大殿始建于蜀汉，殿内供张飞文身塑像，整个张飞庙完整地展示了张飞生平事迹，家族史及传说。

三国在哪里？不仅在阆中张飞庙里，更是在说书艺人惊堂的醒木下，在闲敲旗子的老者手中，漫步阆中古城区，不时能遇到"张飞"巡街，每个小吃店里，招牌都是：张飞牛肉。每一个景点，都陈列着张飞脸谱和"三国演义"。滚滚长江东逝水，浪花淘尽英雄，三国文化在古城中得到了很好的流传。

贡院

阆中贡院是科举时代士子们应试的考场，三进四合庭式建筑纯穿斗木结构，房舍整齐规矩，高出街坊民居一头。前院是考场，后院是斋舍，四周都是号房。考试时按天、地、玄、黄等编号，每间号房有进出小门一道。与大门相对的正厅是一楼一底的殿堂，为考官唱名、发卷、监考的地方。庭院中间为十字形走廊，走廊两边栏杆连带靠背木椅，供考生休息候点。斋舍为一楼一底四合院，楼下庭院纵贯走向。阆中至今仍保存着现存完整的古代贡院，为现代探究古代科举制度留下了珍贵的历史资料。

应试学子进贡院必先过“龙门”。那是一种资格的象征，也意味着如同鲤鱼跳过了龙门一样，前程会远大无边。

中国古代科举制度最早起源于隋代。为了适应封建经济和政治关系的发展变化，于是把选拔官吏的权力收归中央，用科举制代替九品中正制，用考试办法来选取进士。而在贡院监考大堂红匾高悬宋徽宗瘦金体题字“旁求俊乂”，其中“乂”字少一点，乃寻才之义。千百年来形成的科举制度，在此保存完好，穿梭于贡院中，无疑来到了时光隧道，对科举文化有了重新的认识。

胡家院

阆中胡家院坐落在古城学道街，至今有300余年历史，是阆中古城中最有代表性的古院落，小部分是唐宋和元代建筑，普遍是明清建筑。建筑布局注重风水意象，灵活多变。园中有园，显出古、雅、幽、深的个性，丰富多样的木雕艺术，室内陈设古朴典雅，文化气氛浓厚，是典型的四合院。

胡家院中各式传统古家具、古玩摆件一应俱全，各种雕花门窗古朴典雅，每个古老的物件都有浓郁的中国传统文化的历史背景。我们聆听胡氏后人亲自讲解，感受到胡家院四大文化：传统文化、居家文化、窗花文化和中医药文化。

停下步伐，感受古城的光影，寻找这个城市最原始的痕迹，是此次阆中古城之行的最大收获。

至此，“寰行中国”别克·中国文化之旅，第二条线也走到了终点，“敢为天下先的勇气和独与天地精神相往来”是“探奇巴楚”线传达给我们的精神，在武汉、荆州、恩施、利川以及阆中，民族融合的平台和百战之地呈现出来，让我们深刻了解其中蕴含的“敢为”精神。

2014“寰行中国”别克·中国文化之旅，8月28日再次启程，踏上“灵走川藏”的文化旅途，从成都到拉萨，一起探访“融合”的民族精神。

成都·拉萨

第三部

灵走川藏

「文化精髓：融合」

10| 成都：窗含西岭千秋雪

◤峰群纯净圣洁，深沉的温暖往往蕴含于这肃穆冷清之中。◢

——文化寻访·成都西岭雪山

对于成都的喜爱，我从来没有羞于表达。

2013年8月29日，我在成都，这样写下“阅城”的感受：宽窄巷子像一朵张开的细蕊，将成都的年轻和古老吞进深海，泛滥着腥味的洋流激扬后重归平静。芙蓉女子在一番喧嚣之后，幽暗、升温，笑靥如花。九眼桥、单行道、兰桂坊、春熙路与杜甫草堂、武侯祠、文殊院、盖碗茶馆，迷离、纵情、雅致、时尚与淳朴、贵胄、信仰、休闲兼备。这个城市的菁华仿佛根深蒂固，只得踌躇不前，却从未将沉浸当作未来。盛夏的池塘浮萍已去，与2009年、2011年的过往相比，平静的黄昏里，躁动即将升起。所幸，美人依旧。

2014年3月25日，我则这样在成都表达观感：华灯初上，才是喧嚣的开始……其实这个城市不只是安逸与享受，也有一个忧思的老头，“自经丧乱少睡眠，长夜沾湿何由彻！”沉郁的杜诗一看就是杜甫的手笔。同时，在成都期间，杜甫的隐逸情绪得到释放，不知道这是否影响到这个城市的性格。

而在2014年8月28日，我则在成都的西岭雪山，听见主持人勒贝宁说：“只要有耐心，终会雾散见雪山。”

雪山是西岭。

西岭雪山，自化作杜甫笔下“窗含西岭千秋雪，门泊东吴万里船”的绝处后，我们穿越青山叠翠、似锦繁花，深入到这穿雾引雨的世界。在这西岭之巅，涉水之界，我作为“寰行中国”别克·中国文化之旅的团队代表，以“演员”的姿态，参加了一场气势恢宏的出征川藏开拔仪式。

西岭距成都只有95公里，这一处都市边上的原始森林，却与成都的悠闲秀丽全然不同，更多了一份清冷，一股野性。永远不超过20℃的幽凉气候，使之成为消夏避暑的圣地。箭竹成林，林海雪原，枫树、漆树、楠树、冷杉，乔木灌木等随海拔层层变迁，“同花野卉戏溪水，飞泉流瀑绕夏云，三秋桂子放异彩，一派风光北国春”的四季之景一幕以呈。密林掩映之下，瀑布岩石形态各异，远观山有色，近听水有声，美不胜收。

8月28日的西岭雪山，正下着细密如织的雨。原本就略清冷的温度又添了几分寒意。西岭雪山原就有云蒸霞蔚的奇景，此刻在细雨中，云雾缭绕之意更甚。山间回旋的云雾与翠绿的草甸树木交相辉映，白的纯净、绿的陶醉。无怪乎遍游天下名山大川、阅览美景无数的徐霞客也被眼前这座直入苍穹的高度和宏伟气势的雪山所折服，不由自主地就要攀登。实在是眼前的壮阔飘逸，与仙境并无二致，敬畏和征服的心就那样不受控制地滋长出来，不勇敢攀登领略几程，不深入其境感受和拥抱一番便不忍离去。真真是“平湖出险川，地上九重天”，万丈豪情只有亲自去征服，才能迸发！

波涛般起伏的峰群纯净圣洁，山顶积雪，而深沉的温暖却往往蕴含于这肃穆冷清之中，不知有多少情侣在这里定情终生，执子之手。而在西岭之中的鸳鸯池，也确实深藏着一段动情的故事。传说很久以前，鸳鸯池火山爆发，当地民不聊生，一青年男子为救乡民以身堵火。可他纵身火山口后火山仍在喷发，于是深爱这名男子的姑娘也跳了下去，奇迹出现了，火山终于停止喷发，并溢出一股清泉，其后每到夏天，池中鸳鸯成群。

这西岭之巅，海拔2000米的视觉窗口，雾气腾腾，细雨绵绵，令人清醒宁静。峻岭高峰、四季美景，唯有在此，才得以一览无余。

西岭雪山就在杜甫的眼神和诗句里，成就了传说、故事和传奇，比如其间坐落着杜甫亭，并非人为搭建，乃一古树被雷电劈削而成，传说为杜甫显灵，魂归雪山，至今隐闻吟诗之声。至于是不是一群幻听的人将这个故事放大暂且不表，单就西岭雪山的造势和借势，足以让其生活在故事里。

沾上了西岭，私淑了杜甫，我们踏路川藏，故事还将如何呢？且听我细细道来。

11 | 康定：情歌远 嘈声喧

◤哼一曲康定情歌，远处传来嗒嗒的马蹄声。你看，是那跑马山上的少年。◢

——文化寻访 · 康定

三山环抱，二水中流，一丝一缕，一步一街都有无数情意温柔痴缠着。只有这座城是以情歌为天下人所知，这便是康定。一首《康定情歌》唱出了康定的风光和情谊，更唱出了康定的多情和缠绵。康定的雪山、康定的湖泊、康定的多情，迷醉着来到这里的每一个游人。

来到康定县城已是九时多，我从康定情歌酒店出来，走在灯火通明的古街，感受着水从城中奔腾流过，经过一番现代灯光修饰，这座城市粗犷古朴浪漫柔情之风浑然天成。别致的建筑形态、藏式的穿着打扮，恍惚有置身异域之感。

这是一座温柔而爽朗的城，令人觉得自由。朱自清在《荷塘月色》中感叹过："像今晚上，一个人在这苍茫的月下，什么都可以想，什么都可以不想，便觉是个自由的人。"

而我，在这苍茫的夜色里所感受到的，正可与此相和。康定的温柔，不在于安静，而在于嘈杂；她的爽朗，亦是透过喧嚣呈现的。人声车声水声，无时无刻不在提醒你，这里就是现世间最为活色生香的生活。嘈杂的热情和喧嚣的拥抱为每个置身其中的人提供了一个安全的屏障。就这样走着，想些什么或者干脆放空自己，她都善解人意地视而不见。而此刻我心中，悄悄回味着白日的旅程。

有"大渡天险"之称的大渡河是岷江的最大支流，古称"沫水"。悬崖峭壁，飞矢瀑布，积水羊道，它不只是险峻开阔的"世界最具魅力的天然公园"，更凝聚着英雄的悲壮与豪情。"大渡河，唐西川要害也"。1863 年 5 月，太平天国翼王石达开率领的太平军，在大渡河边的安顺场遭清军围追堵截而全军覆没；1935 年 5 月，中国工农红军长征途中，曾经强渡石棉县安顺场渡口和夺取泸定县城西横跨大渡河的泸定桥。

而主峰海拔 7556 米的贡嘎山，四周林立 145 座参天冰峰，其宏伟壮阔与大渡河相比亦是不遑多让。贡嘎山，藏语意为"最高的雪山"。其登顶难度远远大于珠穆朗玛峰，仅有 24 人成功登顶，却有 37 人在攀登中和登顶后遇难。

而山脚下的海螺沟，景色煞是瑰丽辉煌。晶莹的现代冰川从高峻的山谷铺泻而下，冰洞、冰桥晶莹剔透，如神话中的水晶宫一般。原始森林与古冰渍湖交相辉映，蔚为壮观。我在车内远望，不禁想起雨果曾说过，“自然是善良的慈母，同时也是冷酷的屠夫。”

思绪归来，其实康定也是有不少美景香山的。

有人说，来康定不登跑马山，那不算到了康定。《康定情歌》作为康定县的“名片”，让康定走出了大山，走出了盆地，也走出了国门。当地人说，康定县城周围有三座山环绕，其中之一就是跑马山。跑马山，藏名拉姆则，意为仙女山。因山顶有湖泊五色海，故又名五色海子山。那里有五色海、吉祥禅院、跑马坪、浴佛池等。为了纪念佛祖释迦牟尼的诞辰日，每年的阴历四月初八，当地群众都会在跑马山举行盛大的纪念活动，这在当地又称为“四月八转山会”，并同时在跑马山上举行赛马活动，热闹非凡。

另一个以情歌而知名处便是康定情歌风景区，也称木格措景区，距离康定县城约 17 公里，由杜鹃峡、芳草坪、七色海、药池沸泉、木格措和红海草原六个景点组成。景区以高原湖泊、原始森林、雪峰、奇山异石为主，风光四时不同，民风独特，自古既是情歌的故乡、又是锅庄文化的发源地。

这一厢，芳草坪绿草如茵，野花遍地，若是在草坪上跃马扬鞭，想来便是乐趣无穷。那一重，七色海海拔 2600 米，是一处冷泉与温泉交融共生的高原湖泊。湖面呈月牙形，水深 20 余米，湖水清澈见底，湖畔森林草甸环绕，湖水随阳光天气变化，色调呈七色变化，因而得名七色海。仰头前望，对面的山岳跃入眼帘，听向导说叫驼峰山，远望仿佛一匹低头喝水的骆驼，惟妙惟肖。

美丽的杜鹃峡就在不远处。杜鹃峡东连七色海，西接木格措，全长 8 公里，被称为康定情歌风景区的一条绚丽的腰带。

杜鹃峡西首的木格措更是不得不看的仙境。木格措汉名：野人海，水源来自于身后女娲雪山的积雪融水，水质清冽，能见度极高，湖四周群山环抱，红海、黑海、白海等几十个小海子围绕在周围，如众星拱月般。木格措风光秀美，“卧虎观月”、“双雾坠海”等景观最为独特。车停靠的瞬间，望着外面，湖水纯净见底，被微风吹起重重涟漪，一面沙滩，三面群山围绕，加上飘渺的雾气，所谓人间仙境，也大抵如此了。

悠悠民歌声，翩翩民族舞，康定的聪慧向来是显而易见的。古为羌地，三国蜀汉称“打箭炉”， 素以“藏卫通衢”“川藏要冲”著称。蜀汉时诸葛亮南征孟获，遣将郭达在彼处(今康定)造箭得名。传说郭达将军昼夜造箭 3000 支，造完箭乘仙羊而去，后人为纪念郭达造箭有功，把康定城东北一座大山取名郭达山。在清咸丰年间还在郭达山下建有郭达将军庙。后人考证，诸葛亮远征孟获，纯属南征，不是西进，派郭达造箭纯属虚构。其实打箭炉，是藏语“打折诸”

的译音。“打”指大地山流来的打曲河（雅拉河）折为折多山流来的折多河。诸，是雅拉河，折多河两水汇合之处。水在山中，城在水中，至善至美，浑然天成。

“世间溜溜的女子，任我溜溜地爱哟，世间溜溜的男子，任你溜溜地求哟，月亮～弯～弯～，任你溜溜地求哟……”夜市渐入佳境，小城康定愈发显得拥挤而喧嚣，大街上的旅游商铺里反复播放着那脍炙人口的情歌，仿佛时刻提醒着过往的人们，在这多情而浪漫的城市停下匆忙的脚步。

而与成都的隐逸不同，这里的顾客多以游人为主，大家在琳琅满目的商品中流连，在格调各异的餐吧里用餐，在充满高原风情的娱乐厅观演，一派安乐祥和的盛世之景，霓虹灯闪烁，眼前恍惚现出“人间四月春恨短，得赴康定始欣然。久闻风物著藏川，近观水井思甘甜。”的佳句。一座跑马山，名扬五洲四海；一曲情歌千古绝唱，醉了天下有情人。就像那片夜幕下笼罩着的宁静的跑马山，当明天太阳升起之时，她将一如既往地焕发出自己迷人的光泽。

寰行中国
DAY12：成都－康定

领略完都市文韵的“进取”，以及探奇巴楚的“敢为”精神之后，2014“寰行中国”别克·中国文化之旅第三段旅程“灵走川藏”启程。从天府之国成都出发，途经康定、巴塘、左贡、八宿、波密、墨脱、林芝，最终将抵达圣地拉萨，知行合一，去纵览川藏地区的历史变迁，以及汉藏多元文化和谐共生的“融合”精神。“灵走川藏”首日，成都至康定，全程450公里，沿川藏线而行，一路驰骋，风光极致。穿过奔流不息的大渡河，一揽“日照金山”的海螺沟，尽赏“蜀山之王”贡嘎山，最后观临情歌之乡康定。

大渡河

大渡河是中国岷江的最大支流，古称“沫水”，被誉为“世界最具魅力的天然公园”。大渡河为高山峡谷型河流，下游河谷开阔，水流滞缓；中游山高谷深，雪峰皑皑；上游河谷深切，谷坡陡峻，水流湍急，自古有“大渡天险”之说。壮烈的飞夺泸定桥，就发生在大渡河之上。穿越大渡河，千仞山巅云雾缭绕，滚滚洪流浪潮轰鸣，仿如大自然的一首洪亮进行曲，磅礴，壮美，激昂。

贡嘎山

贡嘎山，藏语意为“最高的雪山”，主峰海拔7556米，四周林立145座参天冰峰，又被誉为“蜀山之王”。境内坡壁陡峭，冰坚雪深，岩石裸露，群峰簇拥，万里亮银色的雪域甬匐于山下，只是望远，便是一幅宏伟壮阔的饕餮画卷。

海螺沟

海螺沟，位于贡嘎山脚下，以低海拔现代冰川闻名于世。这里景色瑰丽辉煌，康巴藏族风情浓郁。冰川倾泻、天上瑶池、晶莹雪山、古冰渍湖，以及大片原始森林，一切都令人叹为观止。远远望去，高耸的冰洞，飞峻的冰桥，觥筹交错，瑰丽非凡，仿佛一个“日照金山”的琼楼玉宇。

康　定

康定，自古就是藏区通往中原地区的门户。三山环抱，二水中流，藏文化的韵味，汉文化的魅力，在这里交融升华。行走在康定，自然、人文浑然天成，多元文化相互吸纳并存的景象，蓬勃盎然。锅庄文化、高碉文化、服饰文化，以及当地民风民俗，脉络清晰，源远流长，一曲《康定情歌》唱尽了这里的山神水秀。

12| 理塘：那时唐番那时城

◤洁白的仙鹤
请把双翅借给我
不会远走高飞
在理塘转转就回
——仓央嘉措◢

——文化寻访·理塘

是的，我在理塘转转就回，不会逗留太久，因为这里不属于红尘，不属于眉宇间盛了太多心事的取经人。

太多风尘仆仆的目光从天南地北匆匆而来，背负了太多欲望和杂质。我们带着食粮、挎着单反、喊着口号风风火火，以“一场说走就走的旅行”来命名，以“再不疯狂我们就老了”来作为纪念的托词；或者在不如意的生活里做个叛逆的逃亡者，去寻求内心的解放，带着扑面而来的浓重的红尘琐事……形形色色的理由有种厚重的堆砌感在蔓延，无论如何，目光的终点都在 4000 米之上的理塘。

可是，谁也明白，真正的朝圣，只需要一颗虔诚的灵魂，和一种安稳的情感，不动声色，安身立命。以流浪为形式的伪装终究与圣洁的理塘格格不入，一意孤行总归是强求。所以这也就决定了理塘和我们，只是彼此的过客，而非归宿。

300 多年前，相传仓央嘉措早已把这里写成了一篇纯洁的情诗，虽然真伪存疑，但不负如来不负卿的夙愿，已然口口相传。出身门巴族的仓央嘉措，是政治斗争和宗教斗争的牺牲品，他“用最真诚的慈悲让俗人感受到了佛法并不是高不可及，他的特立独行让我们领受到了真正的教义！”

1697 年，14 岁的仓央嘉措被当时的西藏摄政王第司 · 桑杰嘉措认定为五世达赖喇嘛的转世灵童。1706年，仓央嘉措在押解京师途中，行至青海湖滨去世。此后，对其不知所踪的传说便不胫而走。

百姓的意愿素来是最准的预言，这次又果不其然，80 年后，清政府最后还是默认了放荡不羁的仓央嘉措为六世达赖喇嘛。

七世达赖喇嘛格桑嘉措应该感谢这个已经故去的诗人，正是仓央嘉措的临终诗“洁白的仙鹤 / 请把双翅借给我 / 不会远走高飞 / 在理塘转转就回”，让拉萨三大寺的高僧得到启示，便到理塘寻找转世灵童。生于理塘的格桑嘉措，12 岁便持“弘法觉众第六世达赖喇嘛之印”，先后受沙弥戒和比丘戒。格桑嘉措之父封为公爵，其家族成为西藏一大贵族，即“桑珠颇章”家族。格桑嘉措亲政后，弘扬佛法。西藏地方的行政事务，主要由清朝驻藏大臣掌管。格桑嘉措一生谦逊俭朴，颇得僧俗人民爱戴。

23 岁的六世达赖虽不食人间烟火，却“转世”为一个循规蹈矩的执政者。这种轮回颇为有趣，也证明了一种命运或者说一种才情的不可复制。这种轮回如同檀香一般使人痴迷。直到现在，仍受人敬畏。

如今喝着酥油茶或是青稞酒时，谈起佛法、谈起变与不变时，仍为宿命中轮回的方正平衡感到惊叹。

虫草、川贝母、黄芪、党参、秦艽、木香、羌活、三颗针、一枝蒿、雪莲花，繁茂地生长在多情的土壤里，遍地生机，熬成的汁液荡漾着雪域独特的气息；

嵩草、苔草、披碱草、燕草、山叶、黑麦、鸭茅、黑花苔草，养育了一匹匹矫健的草原牧马，毛垭坝草原上的赛马节因此远负盛名；

城北的长青春科尔寺，红衣僧袍的喇嘛诵读着经书，仿佛触摸着生生不息的人文法轮；

城南扎嘎圣山上自然呈现出“唵嘛呢叭咪吽”的六字真言，在澄澈的阳光里一览无余；

而我们，在颜色鲜艳的唐卡和句句温润的梵语里，向佛、存善。

这似乎是一种际遇，一场恩赐。在我们仍不能放空的灵魂里，埋下一颗清净的种子。待时光把宿命的纹理清洗干净，自会有生死的根植。

而巴塘，却有另一番风味。

越过拥挤的海子山，便看到了更为亲和与平易近人的巴塘。它是入藏前的最后一个四川县城。3000米的高度上，尚且保留着古时茶马古道的繁华与世俗。这里的汉人明显多了很多，并不再是单一的康南汉子，也显得活泼而轻松。

有人说，巴塘是一支羌笛，鸣着绵羊之音和弦子的舞曲；巴塘是烟火人间，有世间万般纷扰，却淡泊质朴，可苦心修禅。

这种感觉与理塘的高冷截然相反，却又相得益彰。

唐番时期的明月，必定看到一个汉族女子穿过山川湖河，背后是一世繁华却仍坚定地向高原深处走去。

寰行中国
DAY13：康定－巴塘

“灵走川藏”第二日，康定－巴塘，全程457公里，平均海拔4000米。从“西藏的瑞士”康定出发，一路翻越“康巴第一关”折多山，穿越艰难的318国道新都桥段，历经曲折跌宕的剪子弯山，登临世界高城理塘，尽赏隽美的海子山，最终抵达“弦子之乡”巴塘。

折多山

折多山最高峰海拔4962米，为大雪山一脉，是大渡河、雅砻江流域的分水岭，也是汉藏文化的分界线。来到有“康巴第一关”之称的折多山，在车队面前展开的是“九曲十八弯”，来回盘绕，曲折跌宕。这里地形高差大，山岭纵横，沟壑密布。 翻过折多山，便进入了三江流域的文明发源地康巴藏区。

高尔寺山

高尔寺山海拔4412米，山峦叠嶂，风光隽美，如果说折多山是“康巴第一关”，那高尔寺山则是“康巴第二关”。

雅　江

位于康巴地区腹地的雅江，自古有“茶马古道第一渡”之称。浑厚的人文景观，独特的自然景色，积淀了一种独属于雅江的心旷神怡。藏文化的内蕴，在这里遍地开花，古碉式的民居、花色神秘的壁柜，在车队的反光镜中，缓缓而过。“昨日穿去林，今朝过雪山。咫尺风土异，苍茫宇宙宽。”诗歌《过雅江西行》非常精准地描绘了雅江的神韵。

剪子弯山

出雅江，就开始攀山而行，等待我们的是剪子弯山。车队登临于此，茶马古道的古风遗韵，一览无遗。更为震撼的是，千山万壑，尽收眼底。

理　塘

“平坦如铜镜的草坝”，是理塘藏语的寓意。平均海拔4014米，垂直落差悬殊，因此得名“世界高城”。这里钟灵毓秀，历来便是茶马互市之重镇。这座“悬在高空的城市”，广袤无垠，沉淀丰厚，仓央嘉措为它留下这样的诗句，“洁白的仙鹤，请把双翅借给我。不会远走高飞，在理塘转转就回。”

巴　塘

途经以“稻城古冰”著称于世的海子山之后，星夜抵达巴塘。莽莽苍苍古羌地，悠悠远远甘孜里，巴塘自古就有“高原江南”之誉。既有高原之刚，兼具江南之柔。车队缓缓来到这里，迎面而来的便是，山雄水奇，长乐未央，一派底蕴非凡的人文风情魅力。

13| 芒康：白狼国的容颜

◤它是上帝忘在人间的一支笔，远离隐喻，在遥远的西部高原，它进入了树根。◢

——文化寻访 · 芒康

隋时的白狼国在哪?

在芒康。

2014 年 8 月 31 日，我踏上这片陌生神奇的土地，沿着朝拜者的足迹走上那古老而遥远的年代。这里有着明朗的日光，在湿润的云雾间兜兜转转，情感浓烈，铺泄在渐渐繁盛的色彩里。

因为要办理进藏通行证，在金沙江边，一群藏族的妇人和孩子在售卖水果，“叔叔买一袋，你拍照片了，侵犯我肖像权了……”他们汉语极好，四川话也不错，一直围着客人恋恋不舍，甚至有着强买强卖的决心……在这个川藏门户，他们仿佛是藏汉的融合过渡，毫无小心翼翼之感。

因而，芒康是一个有故事的地方。

它成长在从水资源富足的横断山脉怀抱深处，生命的茁壮与苍劲不断地舒展、奔腾，千百年来的号子声拉扯着分布在山谷里的人家，浸透着劳作的汗水。芒康的藏人生活会不会是这样的：澜沧江外梳着“甲查”的发饰、穿着玛瑙和松耳石“葛热”的女子早早做好了糌粑和牦牛肉，温好青稞酒，等着男子归家。夕阳慵慵懒懒，靠在枝头，拉长归家人的身影。门前的孩子突然从树后探出头来，不再游戏，指着远方，脆生生地喊道：“阿爸。”

不过，宗教却是真正占据他们内心的生活。白浪国芒康被吐蕃所灭，创立寺庙和吐蕃流官管理，藏传佛教流入。吐蕃与芒康境内诸部落和土著居民融为藏族。53 座宁玛、噶举、萨迦、格鲁教派和西藏唯一的天主教的千年古刹镶嵌在这里。1865 年，法国传教士邓德亮神父和比神父，买下廉价的地皮，供奉十字架上受难的耶稣。圣经与佛经便在此照面，然后客客气气地和平相处。这不免让人想起那个著名的“上帝悖论”：上帝若是万能，何以未将藏人变成他的子民？上帝若非万能，何以在盐井建起了教堂？宗教总是会在不可调和的矛盾面前更加蓬勃、固执和一往无前，让价值观和宇宙观不断地被加固或重塑，最后完成生命救赎。就像教堂之外的枇杷，岁岁生机。芒康的雪山、林海、草原之间，也因此具有了三昧真修、奥义、仪轨的神迷色彩。

芒康有着纵横艰深的思绪和远古的记忆，却藏在白房青木的新鲜容颜里，百转千回，一往情深。它跋山涉水而来，沿江的土著居民还未讲完对神灵的告示，茶马古道上的车印尚未被风干，吐蕃时期驿站外的马蹄声还未走远，一身英气的康巴汉子却早已在盐田街的街心做起了生意，藏袍长袖里比画价钱的手指熟练而帅气，就像他们得心应手的日子，就像这个风生水起的芒康。

芒康澜沧江两岸的盐田里有着厚重的历史，格萨尔王与纳西曾以战争的名义来赠予它荣耀。难怪，西岸红褐色的土地里盛开了“桃花盐”，东岸洁白如雪的盐田则是“阳光与风的作品”，迷宫般的盐池里孕育了独一无二的晒盐方式。

向北而行，传说中梅里雪山的第三个女儿“达美拥”垂泪化作温泉供百姓医治疾病，便是意为“温泉岸”的曲孜卡。这个如意仙尊似乎人尽皆知，可是路旁不远查果西沟巨石上的印记却鲜有耳闻。吐蕃时代就存在的石刻造像，有单阴线、双阴线或减地浅浮雕的六字真言、藏文经咒、佛塔等。烟熏和触摸，酥油和钱币，早已将这里打磨成虔诚的膜拜之地，把生命中的苦痛一一念尽，求天地垂怜，求神灵庇佑，求灵魂清净。

维色寺和尼果寺更无需多言。似乎越是声名远扬我便愈不敢提笔述说，这是自知之明所延伸而来的小心翼翼与固步自封。每一次旋转的转经轮和质地轻盈的念珠都被信仰虔诚地记录，记录在呼图克图活佛和红教宁玛教派的眼睛里。

芒康有太多的故事，像在帛书上密密麻麻的注脚，像是一场飨食不尽的文化盛宴，在历史深处洋洋洒洒自成大观。多少足迹踏过这安稳而热烈的藏地脉搏，起身，落座，宿醉，闻香，然后忘却虚妄，乐安天命，世事轮回。

如果神知道，我对每一处土地都有不肯割舍的安贞与忠诚，它会不会许我在平仄岁月里，奢侈得不谈去留?

如果神知道，我愿以朴素与克制，换来一场流浪与安稳，它会不会许我在告别芒康的时候，为它画一次眉黛青颦，为它染一层胭脂初妆?

与每一次离别握手言和，跨越 5008 千米的东达山，最后来到左贡。

左贡是个不大的县城。突然无心欣赏一路上汉化的县城。其实，远方总是好的，总是想着神往，却不知一城有一城的千篇一律。

还是要上路，因为心在路上，未曾停留。

寰行中国
DAY14：巴塘－左贡

“灵走川藏”第三日，巴塘－左贡，全程260公里，平均海拔4000米。离开巴塘，沿金沙江而上，途经“茶马古道”在西藏的第一站芒康，于山峦叠嶂之间，尽揽金沙江与澜沧江磅礴并流之势，绕山驰骋，穿越天险觉巴山，跃登生命禁区东达山，于千山万壑之间远眺，尽收壮阔山河于眼底，最终抵达左贡。

金沙江

金沙江源远流长，《山海经》称之为绳水，徐霞客更是标榜“推江源者，必当以金沙为首”。金沙江发源于唐古拉山脉的格拉丹冬雪山北麓，是西藏和四川的界河。水流湍急，奔腾直下，一派壮阔之势。金沙江流域是世界上罕见的多民族、文化、宗教信仰共融的地区。

芒　康

芒康自古就是西藏的东南大门，是“茶马古道”入藏的第一站。藏语意为“善妙之地”。境内雪山林立、层峦叠嶂、江河纵横。发源于唐古拉山脉的金沙江、澜沧江和怒江在这里平行竞流，雄姿呈“两壁夹三江”之势。芒康是一片神奇、灵性的净土，博厚多元的民族文化、艰深的宗教文化，以及神圣的千年古刹，触目皆是。沿着朝拜者的足迹前行，古老而神秘的色彩一览无余。

澜沧江

世界第六长河澜沧江，发源于唐古拉山脉，源头海拔 5200 米，主干流总长度 2139 公里。川流不息，九曲回肠，孕育一方水土人文。置身观景台，于千仞绝壁之间，一睹澜沧江奔流而下的雄姿，振聋发聩，心潮澎湃，一种强者自傲的豪情，扑面而来。

觉巴山

“日射金光，衬千年古木碧。翠屏青峦，相连绵于目际。高峡深谷，竞来朝于眼底。”觉巴山，横断山区著名的天险，两岸绝壁林立，奔流穿梭其间，30 公里盘山公路，有近 2000 米垂直落差，绕山而行，无不被眼前动魄心仪的绝美景致所打动。东达山垭口海拔 5008 米，为川藏南线上的第二高垭口，被称为“生命禁区”。车队在飞扬的经幡中穿行而过，如同一种朝圣，而严峻的地理环境，更是一种无声而虔诚的挑战。

左　贡

左贡平均海拔 3750 米，具有承东启西、联结南北的区位之势，自古便是商贾由茶马古道进藏的枢纽。车队行至左贡，映入眼帘的是一种西藏江南的印象。麦浪滚滚，溪流潋潋，牦牛在吃草，不远处便是缈缈炊烟的藏地人家。左贡不仅风景极致，更有博厚的文化沉淀，热巴、弦子、传统藏戏，无不是瑰宝般的存在。

14 | 八宿：怒江山盘龙 72 拐

山路的 108 弯，期待每一次转角处的精彩。

——文化寻访 · 八宿 - 业拉山

离开左贡，翻越他念他翁山，岩石裸露的坡壁尽情展现着粗犷的风情。一望无垠的美景，直达曾经的“茶马古道”必经之地邦达。

1954 年，川藏线与青藏线同时建成。而邦达，正是川藏南线与北线的交汇点。一片苍茫的邦达牧场，见证着古老的茶马古道上，人背畜驮的步步艰辛。那时，从雅安经昌都至拉萨全靠牦牛驮运，每天行走三四十里路，来回一趟要费时一年，由于受季节的限制，一年中能通行的只有四五个月。从昌都至成都的公路约 1200 公里，须翻越五六座大雪山，跨过澜沧江、金沙江、雅砻江与大渡河等大河深谷。

而今，茶马古道上的古老贸易已经安然沉睡，源源不绝的游客使其焕发了新的青春，只是悠远的马铃声似乎还在耳边回荡着，串起了山谷、平坝和村寨，将散发着茶香的文明撒播在每一方经过的山土里，古代西部与汉地通过“茶马古道”有了最初的交流。

如今，这种交流依然在艰难地提升着密度。虽然邦达有民用机场，但是它很独特，海拔 4300 多米、中国跑道最长的机场（全长达 5 公里）、世界上离市区最远气候最恶劣的民用机场，种种标签集于一身。

邦达草原辽阔得似乎没有边际，但是邦达镇或许要让你失望了，不大的地盘主要是兵站。这里海拔 4390 米，含氧量仅有内地一半，年平均气温零下 6℃，大部分时间，这里“天上无飞鸟，地上不长草，风吹石头跑，四季穿棉袄”，生存谈何容易。

告别邦达，旁边就是业拉山。

怒江 72 拐，号称“108 拐”，又称“川藏 99 道弯”，制高点在海拔 4658 米的业拉山（又称“怒江山”）口。由业拉山俯瞰山下，回绕盘旋的道路以一个接一个的“之”字形结结实实地捆在山间，不禁令人惊叹当年是如何修成这样的艰险之路。虽然限速 10 公里，2014 年 9 月 1 日上午，“寰行中国”的车队还是在这曲折环绕的公路上酷爽过瘾，180° 的大拐弯就有 50 多个。

行在其中时，感觉深邃幽长，你永远不知道下一段是怎样的风景，每转过一道弯都是惊喜，就好像我们永远都无法预知未来。“怒江 72 拐”如巨龙蜿蜒盘旋，以垂直 2000 米的海拔落差，一弯又一弯直至怒江桥。怒江桥全长 74 米，海拔 2730 米，因地势险要而被称为川藏公路的咽喉。桥下是喘促的江水，两侧是耸立的危崖，随时塌方的江堤公路，“黑水河”就这样奔而向南。

怒江桥戒备森严、有武警把守，不准拍照。武警西藏总队昌都支队十八中队驻守在这。一位骑行小伙子说武警调侃他，“最近领先到达怒江桥的都是女生，因为女生下坡不刹车。”原来女生下坡都不要命呀！

怒江大桥西侧矗立着一座孤零零的桥墩。1953 年，修建怒江桥时，一名战士不小心掉入刚刚浇筑的桥墩中，混凝土迅速凝固，战友们想尽一切办法也没能将他救起，只好流着泪将他筑进桥墩。这座桥墩一直被完好地保存着，令人敬仰。

回想起站在山巅处纵观全景，只觉壮阔险峻，高远的视野令人顿感荡气回肠。已经风化了的石壁，像守望着这深崖幽谷的山神，不知看过多少人来，又看过多少人离开。她一言不发，只是安安静静地伫立在这里，祝祷这漫天飘扬的经幡将平安带给每一个与她短暂相遇的人。

离八宿已经越来越近，偶尔能看到绿色的梯田。八宿原意为“勇士山脚下的村庄”，属于三江流域高山峡谷地带。高山环绕，峡谷相间，地形之复杂常被用“七山二水一分地”来形容，横断山脉就从八宿境内穿过。

这一路，心灵、身体与裸岩相逢之时，与苍茫的草原、纯净的蓝天相见之际，越过了繁杂的心情，越过了嘈杂的凡尘，越近苍穹，越近灵魂……

寰行中国
DAY15：左贡 - 八宿

“灵走川藏”第四日，左贡－八宿，全程 200 公里。从左贡出发，一路绕山驰骋，翻越他念他翁山，观临舒伯拉岭，在业拉山征服天险一百零八道弯，奔腾而下，揽奇怒江雄奇澎湃之流，最后抵达“勇士山脚下的村庄”八宿。

他念他翁山

离开左贡，沿他念他翁山而行，极致美景一望无垠。这里崇山峻岭逶迤磅礴，坡壁陡峭岩石裸露，观临于此，无不被眼前的隽美与浩瀚所打动。

邦　达

邦达海拔 4400 米，是川藏南线和北线的交汇点。这里曾是“茶马古道”的必经之地。沿怒江玉曲上游河段蜿蜒而走，蕴藏着数不尽的文化遗产。驰骋在广袤无垠的邦达草原，蓝天白云，巍巍山峦，开阔风光尽揽眼中。

业拉山

海拔 4658 米，又叫怒江山，是澜沧江和怒江的分水岭。素有“一山有四季，十里不同天”的瑰丽景象。出邦达，沿业拉山而下，便是声名在外的怒江一百零八道弯，从山巅至山脚，犹如巨龙蜿蜒盘旋。连续的 U 形弯依重峦叠嶂而下，以垂直 2000 米的海拔落差，一泻千里直至怒江大桥。车队穿行而过，有种踏遍千岩万壑，尽显壮志凌云的感觉。

怒　江

驰骋而下，在亚拉山脚下的便是怒江。怒江发源于青藏高原的唐古拉山南麓的吉热拍格，是中国西南地区的大河之一。山谷幽深，危崖耸立，水流奔涌犹如在谷底咆哮，故称“怒江”。这里群山险峻，南北逶迤，绵亘起伏，雪峰环抱，极尽雄奇奔流之势。驱车远眺，危崖峭壁尽收眼底，“水无不怒古，山有欲飞峰”的意境，一览无余。

八　宿

八宿，藏语意为“勇士山脚下的村庄”。境内高山环绕，峡谷相间，地形复杂，江河交错，西临横断山脉，东接怒江，素以“七山二水一分地”闻名于世。这里景色迷人，人文底蕴丰厚，是多种文化共融的圣地。

15| 然乌：幽谧湖畔凝时光

◤湖水恍若天空滑下的一滴眼泪，寂静得没有丝毫声息，犹如被久远时光凝固的女子，心头再也泛不起涟漪。◢

——文化寻访·八宿－然乌湖

即便然乌湖位于八宿县城西南面89公里的318国道边，也没有打扰它的宁静。她依然不食人间烟火，依然保留了世界难觅的原始美，沉醉在高原梦境中。

有人说，幽蓝深邃的堰塞湖然乌湖水恍若天空滑下的一滴眼泪，寂静得没有丝毫声息，犹如被久远时光凝固的女子，心头再也泛不起涟漪。2014年9月2日，当寰行中国驱车至此的时候，这里确实是毫无喧嚣之气。镇上的商家安静地做着生意，没有当街揽客，湖边则是空无一人，只有牛羊在悠闲地啃着草。

然乌湖以静和蓝驰名，湖中极少看到枯枝杂物，湖周景色各不相同。随季节的不同，湖水呈现出或碧蓝或青绿等数种颜色。河道中许多岩石和小岛点缀其间。

不过，然乌湖的湖水清澈碧蓝是在深秋，我在湖边漫步没有看到它的最佳颜色，举目处，夏天的然乌湖不免浑黄，周围则高山危耸。湖边坡地则长满了松柏等针叶林丛，青稞看来是已经成熟了，菜地点缀在农舍旁。湖边的村镇三五个妇人席地而坐地闲聊，一位妇人从上坡的菜地里下来，手里拿着几颗大白菜，原来这里也是可以种植白菜的，此时对一路上的牛羊肉不免油腻起来。

然乌湖是藏语里"尸体堆积在一起的湖"，也是雅鲁藏布江的支流帕隆藏布江的源头。传说湖里有头水牛，湖岸有头黄牛，它们互相较量角力，死后化为大山，两山相夹的便是然乌湖。其实，然乌湖的形成是由于山体滑坡或泥石流堵塞河道而形成的堰塞湖，处于喜马拉雅山、念青唐古拉山和横断山的对撞处。

我在湖边的澄蓝幽谧中，不免有了静坐片刻的念头。温热的阳光照过来，期待这醍醐灌顶的顿悟，可惜愚钝的资质想要寻境算是异想天开了。

据说，康巴人豪迈、开放、兼容并蓄的民族特性，使得然乌当地绘画、歌舞、雕刻、说唱艺术等艺术精彩纷呈，有三大民间舞蹈“卓”舞（锅庄舞）、热巴、弦子，这三种舞蹈于 2006 年 5 月 20 日列入首批国家非物质文化遗产名录。

我还听说，然乌境内散布着上百眼温泉，“男女同浴”、“人蛇共浴”，我们忙于赶路，未得一见，悻悻而去。

然乌湖，我将牵挂留下，期待着与你的再一次相逢。

16| 波密：皑皑米堆挂冰川

那是祖先留下的一片净土，雪白的冰山和彩色的衣裳和谐的像一幅美丽的油画。

——文化寻访 · 波密 - 米堆冰川

来藏区之前，我对冰川的认识只是基于好莱坞的大片，充满了想象，直到2014年9月2日。

这天，我从八宿出发，经过然乌镇，沿着318国道，过了横跨额公藏布江公路桥后，只见一条两面均是悬崖绝壁的峡谷，沿着河边村道通行，突然出现壮观的冰瀑布挂在雪峰与森林之间。

这就是米堆冰川。

米堆冰川位于藏东南的念青唐古拉山与伯舒拉岭的接合部，这里是我国最大季风海洋性冰川的分布区。念青唐古拉山与伯舒拉岭是一系列东南走向的高山，从印度洋吹来的西南季风，能够沿雅鲁藏布江和察隅河谷北上，深入到这一系列高山之中，并带来了大量的降水。米堆冰川主峰海拔6800米，雪线海拔4600米，是西藏最重要的海洋性冰川，也是中国三大海洋冰川之一。米堆冰川雪光闪耀，山花烂漫，皑皑白雪终年不化。

米堆冰川离318国道8公里，这是一段并不好走的山道，一路摇摇晃晃地抵达后，发现这是离冰川最近的村庄，离米堆冰川有2公里之遥。如果与米堆冰川更近接触，需要徒步走进溪流穿行的一片针阔叶混交林地，翻越三道冰川运动留下的终碛垅。当走上第三个终碛垅时，一个冰湖出现在眼前，冰湖的另一端有一道宽近两米、高达十数米的断裂的冰舌，发出幽幽的蓝光，从天而下的冰瀑布在阳光下闪着银色的光芒。

据说，由于冰面气温较暖，常年生活着冰蚯蚓、冰蚤和其他各类微生物。受喜马拉雅山东段的气候影响，米堆冰川虽位于北纬29° 的位置，但是冰川末端的温度却比大约北纬44° 的博格多山的冰川还要低，是我国现代冰川中较为特殊的现象。

从度娘了解到，冰川或称冰河是指大量冰块堆积形成如同河川般的地理景观。在终年冰封的高山或两极地区，多年的积雪经重力或冰河之间的压力，沿斜坡向下滑形成冰川。受重力作用而移动的冰河称为山岳冰河或谷冰河，而受冰河之间的压力作用而移动的则称为大陆冰河或冰帽。两极地区的冰川又名大陆冰川，覆盖范围较广，是冰河时期遗留下来的。

在高山上，冰川能够发育，除了要求有一定的海拔外，还要求高山不要过于陡峭。如果山峰过于陡峭，降落的雪就会顺坡而下，形不成积雪，也就谈不上形成冰川。雪花一落到地上就会发生变化，随着外界条件和时间的变化，雪花会变成完全丧失晶体特征的圆球状雪，称之为粒雪，这种雪就是冰川的“原料”。

这也就不难了解，这个冰川被命名为“米堆冰川”，临近冰川的村叫米堆村。在皑皑雪山下，米堆村将冰川、湖泊、森林融为一体，用原木搭建的藏屋后，

大片金黄色的青稞田，午后一抹阳光洒过，恬淡知足的景象被镶上一道金边，美妙无比。

米堆冰川归波密县管辖。波密古名叫“波沃”，直译“祖先”，意在纪念吐蕃先王聂赤赞普。吐蕃王气衰竭后，远在雅江下游的波密残存土王。清末，波密部众经常剽掠过往商旅，并与川军发生冲突。波密县地处念青唐古拉山与喜马拉雅山交界处，由于受印度洋西南季风影响，形成了独特亚热带半湿润气候带。它气候温和，雨量充沛，生物繁茂，冬无严寒、夏无酷暑，是典型的江南气候。所以，波密生活着大量的汉族移民。他们或是退伍创业，或是经商至此，或是援藏留藏。

在波密街头，到处都是卖药材、菌类和墨脱石锅的商店。据说，波密的松茸一半出口日本。中草药材资源如天麻、虫草、贝母、知母、党参、茯苓、大黄已部分开发利用。

9月2日晚，我在一家河南商人的店里与店主聊波密的风土人情，两位从理塘过来的藏族汉子恰巧过来贩卖手掌参。他们开着满满一车山货风尘仆仆来波密，讨价还价间发现藏族商人价格不满意绝对不让步，价格没谈好之间怎么评价其货物都能接受。这家店主买了100斤手掌参，没有2万多元的现金，相约第二天交款，藏族小伙临走前不忘掏出 iPhone 手机给店主拍个照片。

虽然旅游攻略上说，波密县有淳厚的高原气息、浓郁的乡土特质、明丽的雪域色彩，独树一帜的民俗风情和孕育它色彩斑斓、光怪陆离、风情万种、无与类比的自然环境，但是在波密县城街头，这种景色确是难得一见的，依然是那种同质化的内地象征场景，同样的黝黑脸庞、同样的衣着。

寰行中国
DAY16：八宿 - 波密

"灵走川藏"第五日，八宿－波密。全程 235 公里，从八宿启程，沿舒伯拉岭一路驰骋，翻越海拔 4618 米的安久拉山，驰临"藏东第一大湖"然乌湖，尽揽青山碧波之旖旎，于浩瀚中前行，傲然跋涉，一睹"中国最美冰川"米堆冰川的魅力，最终抵达波密。

安久拉山

垭口海拔 4468 米，风光极致，翻过安久拉山就从怒江流域进入了雅鲁藏布江流域，这里山峦叠嶂水波浩淼，蕴藏着诸多传奇与神话，车队缓缓穿行于山脚长廊之中，璨光如洒，如同置身历史长河的悠扬隧道。

然乌镇

"然乌"藏语寓意是"铜做的水槽"。然乌镇以湖闻名，一座如意白塔与皑皑雪山遥相呼应，跋涉而过，可以感受到这里浓郁的藏文化。炊烟袅袅、薄雾弥漫、打开天窗，仿如梦幻之景，肆意泼洒而来。

然乌湖

然乌湖，海拔 3850 米，为藏东第一大湖。位于喜马拉雅山、念青唐古拉山和横断山脉三大山脉的交汇处。西南有岗日嘎布雪山，东北方向有伯舒拉岭，群山缭绕，天高云淡，然乌湖镶嵌其间，显得格外静谧而妩媚。碧草如茵的草甸，清澈碧蓝的湖水，白雪皑皑的雪峰，一幅融合高原壮丽风貌和藏区牧歌风韵的风情画卷，在眼前铺展开来。

米堆冰川

米堆冰川主峰海拔 6800 米，雪线海拔 4600 米，是西藏最重要的海洋性冰川，也是中国三大海洋冰川之一。地处念青唐古拉山与伯舒拉岭的交汇处，由世界级的冰瀑布汇流而成，每条瀑布高 800 多米，宽 1000 多米，雪光闪耀，山花烂漫，皑皑白雪终年不化，郁郁丛林四季常青，周围牛羊成群结队，置身于此，无不令人为之沉醉。

在海拔 4600 米的高度上，跋涉前行，徒步穿过溪流浸染层林密布的森林，翻越垄岗，历经各种极限环境考验，最终跃登米堆冰川壮景之巅。

米堆村

米堆村离开米堆冰川只有 2 公里，天高云淡，雪山皑皑，冰川、湖泊、村庄、森林融为一体，用原木搭建的藏屋前，晒满了收获的果实，一抹阳光洒过，恬淡知足的景象被镶上一道金边，美妙无比。

波　密

波密，藏语意为"祖先"。位于念青唐古拉山东段和喜马拉雅山东端，北高南低，重峦叠嶂，雨量丰沛，生物繁盛，是典型的江南气候，也是一个风光旖旎，物华天宝，人杰地灵的风情圣地。沿途而行，大自然的各相美景，应接不暇，皑皑雪山，雄鹰盘旋，淳厚的高原人文风情，一览无余。

17| 墨脱：隔绝秘境门珞人

◤因为它通了公路，于是它敞开胸怀，炫耀着它的独一无二。◢

——文化寻访 · 墨脱

从“祖先”之地波密到藏地“莲花”墨脱，翻越嘎隆拉山，从海拔 4000 米下降到 900 米，沿一条凶险的墨脱公路，穿行雅鲁藏布江大峡谷，经历了四季气温和植被，在针叶林和热带雨林出没，全程充满了阿凡达式梦幻。沿途可见废弃的汽车，一旦损坏，只好丢弃，还好，我们跋山涉水，一路无事。

2013 年 10 月 31 日，墨脱公路宣布通车。 墨脱长期与世隔绝，进出必须翻越过海拔 4000 米以上的嘎隆拉雪山和多雄拉雪山。1954 年，十八军首次进入墨脱时，这里的门巴人和珞巴人仍过着刀耕火种、结绳记事的生活。

据说，十八军到墨脱后发生了一件令人动容的事。一位老人跪倒在地，一边叩头一边说出汉话：大人在上，小人有罪。原来他 1911 年跟随清朝驻藏大臣赵尔丰追击波密王，与队伍失散，从此没有走出过墨脱……雅鲁藏布江大峡谷和崎岖多险的大雪山，隔绝了归乡之路。

老人不会知道，在每个旅人的西藏梦境里，必定有一个墨脱梦，而这个墨脱却是自己梦碎的地方。

即便是旅人，在墨脱梦碎的也不止一两人。据说，1989 年贯通的墨脱公路在雨季被冲毁，第一辆驶入墨脱的汽车，却没有出来。墨脱就像域外的孤岛，不容征服。驴友把徒步墨脱当成时尚，并不在意大自然。其实，墨脱并不美丽，美丽只在路上，不必挑战终点。

在墨脱公路开通之前，出入墨脱，少则四五天，多则六七天，100 多公里的路程，翻山越岭，跋山涉水，尽是险阻。据当地人介绍，当时出入墨脱只有两条路：“一条是从米林县翻越喜马拉雅山脉，逆雅鲁藏布江北上至墨脱县城，全程约 115 千米，步行需四天时间，并只在每年的 6 — 10 月份可以通行。另一条是从波密县沿扎墨公路行走，全程 141 千米。由于嘎隆拉山的阻挡，这条路只能在每年 8 — 10 月初待山上冰雪融化后才能通行，然后步行到墨脱县城，正常情况下约需五天时间。”

这里的自然景观无法用相机和语言表达，充满了灵气，人迹罕至。墨脱，在藏传佛教经典中称“博隅白玛岗”，意为“隐藏着的莲花”，相传9世纪时莲花生大师受吐蕃赞普赤松德赞之请遍访仙山圣地，到了这里发现此处如一朵盛开的莲花，地形极像一幅女神多吉帕姆的仰卧图，被藏传佛教信徒视为圣地。

2014年9月3日，我随“寰行中国”别克·中国文化之旅来到了墨脱。

时光之外的墨脱却没有想象中的民族风情，这里已经成为一个典型的内地小镇，几乎是福建漳州等地的翻版援建。门巴和珞巴等族居民只有1.2万人。

门巴族和珞巴族，是世居西藏高原的古老民族和族群，大量神话传说、考

古材料和文献史料记载了他们的文化。墨脱县委宣传部副部长格桑达瓦介绍说:“门巴族人在 300 多年前，从门隅、主隅开始迁入墨脱，起初为 6 个人，之后珞巴族人也来到这片土地。后因土地、宗教信仰等方面的问题，发生了历史性纠纷。后经多代磨合，包括文化的碰撞，风俗的交融，最终形成了和谐共融的局面。”

传说门巴妇女会给外来之人下毒，将被下毒之人的美貌、智慧和健康转给自己。我在朋友圈说“我不担心了”，迎来了一片赞声。门巴族部分也来自附近的不丹，即与不丹人同宗同源。

寰行中国
|DAY17：波密 - 墨脱

“灵走川藏”第七日，车队终于来到墨脱，全程 120 公里，却整整开了 7 个小时。自 2013 年 11 月墨脱公路通车后，“寰行中国”车队首次探访这个全国最后通公路的县城。

离开“藏王故里”波密，沿嘎隆拉山而行，穿隧道，翻山路，渡奔流，在郁郁森林皑皑雪山中一路驰骋，尽揽险奇景象，于风云变化之间，傲驭绝美并绝险的“天路”墨脱公路，最终抵达“莲花隐藏的圣地”墨脱。

墨 脱

墨脱，藏语意为“隐藏着的莲花”，又被称为“隐藏在云雾、雪山、密林中的人间绝域”。位于雅鲁藏布江下游、喜马拉雅山一岗日嘎布山脉的南部，平均海拔 1200 米，四面环山，空中俯视形似莲花。这里花木漫山、芭蕉摇曳、藤萝为桥、瀑布声动，藏域门巴族和珞巴族文化在此历史性相融，是著名的宗教文化，以及心灵的圣地。与此同时，独特的地理区位，以及气候环境，造就了动植物资源的繁盛，珍稀动植物在这里遍地开花，又被誉为“西藏的西双版纳”。

由于地理区位的特殊，墨脱从前被称作“高原孤岛”。陡峻的山，湍急的水，以及嘎隆拉山的天然屏障，让这里成了秘境。很长一段时间，墨脱一直是中国唯一不通公路的县。山顶在云间，山底在江边，说话听得见，走路得几天。观临于此，无不被这里独特的人文景色所折服。

墨脱公路

2013 年 11 月，墨脱公路正式开通，拉近了世界与墨脱的距离。墨脱公路全长 117 公里，先后跨越波斗藏布江、金珠藏布江等多条江河，一路蜿蜒曲折，逶迤盘旋，集沥青路、条石路、砂石路、涉水路于一气，险绝无比，堪称绝美并绝险。从嘎隆拉山一路旋驰而下，如同一次丛林探险，更像一次漫长而绝美的朝圣。而它的尽头就是“秘境莲花”墨脱。

门珞历史文化遗产博物馆

在墨脱，参观了门珞历史文化遗产博物馆，让我们对门珞文化的历史和脉络，有了一个很好的了解。门巴族和珞巴族，是世居西藏高原的古老民族和族群，大量神话传说、考古发现和文献史料记载了他们的文化，源远流长，博大精深。

墨脱县委宣传部副部长格桑达瓦讲解了门巴族和珞巴族的历史渊源、文化变迁史，以及墨脱公路的过去与现在，与寰行中国队员们进行了深刻的文化对谈。

门珞历史文化遗产博物馆记录并传承了门珞文化的特征，以及历史演变中的各种文化演绎，农耕、祭祀、狩猎、服饰、占卜、饮食等文化内容通过文字、影像以及模型的方式，声情并茂地呈现在了大家面前。置身馆内，如同穿梭于门珞历史文化的精华长廊之中。

寰行中国
DAY18：墨脱 - 波密

“灵走川藏”第七日，墨脱一波密。全程 120 公里，从“莲花秘境”墨脱出发，沿嘎隆拉山蜿蜒而上，过悬崖绝壁，驭险峻崎岖，受飞瀑流泉洗礼，在嘎隆拉山之巅远眺银河倒泻的雅鲁藏布江，尽舒豪情壮志，最终重新回到波密。

门珞文化

探访墨脱，折服于其世外仙境般的景色。而门珞文化，则是绝美景色下的璀璨宝藏。行走在这个拥有悠久历史的门珞民族的集居地，建筑、饮食、生产、服饰等方面的文化特征，尽收眼底。独特的远古神话，多元的宗教崇拜，古朴的民俗结构，都极具鲜明代表性，璀璨、丰沃、悠远，堪称部落文化和河谷文化的“活化石”。

门巴族和珞巴族，是世居西藏高原的古老民族和族群，大量神话传说、考古材料和文献史料记载了他们的灿烂文化，是世界文化宝库不可或缺的一部分。墨脱县委宣传部副部长格桑达瓦介绍说，“门巴族人在 300 多年前，从门隅、主隅开始迁入墨脱，起初为六个人，之后珞巴族人也来到这片土地。后因土地、宗教信仰等方面的问题，发生了历史性纠纷。后经多代磨合，包括文化的碰撞，风俗的交融，最终形成了和谐共融的局面。”

宗教文化：由于各民族部落生产环境不尽相同，价值取向也有区别，因而各部落间对于宗教的信仰，也是复杂多样。比如自然崇拜，在门珞人民的眼中，大自然的日月星辰、风雨雷电、山川树木都有神灵的存在，“万物有灵观”是信仰和崇拜的思想基础。另外还有图腾崇拜等宗教文化，以一种共融的形态，传承发展。

祭祀文化：珞巴族与门巴族都有自己的祭祀系统以及文化诉求。珞巴族祭祀活动繁多，在祈求、招魂等巫术活动中，具有相当复杂的仪式，音乐、舞蹈、雕塑等文化内容，都会渗透其间。门巴族每逢新年的正月下旬，要举行祭祀地神的仪式，对于族群人民来说，意义非凡。

狩猎文化：门巴族和珞巴族的狩猎文化也非常具有特色。比如猎人出发狩猎前，会在家门口“插青”，以示外人不得入内，寓意是不得破坏主人外出时神灵的佑护作用。有时候，行猎前还要祭祀山神、灶神。

占卜文化：门珞民族的占卜文化，源远流长。门巴族与珞巴族都有各自独特的占卜习俗，比如珞巴族会通过五彩绳线来进行凶吉兆的猜测。而门巴族则相传着更为古老的巫术，无论是出门远行、进山狩猎都要进行占卜。

另外，在农耕、饮食、服饰以及文学等各领域的文化表现，无不灿烂丰饶，延绵流长，充分展现了在漫长的历史发展过程中，门珞人的聪明才智，以及门珞文化传承与发展之生命力的旺盛。

嘎隆拉山

离开墨脱，沿嘎隆拉山蜿蜒而上，壮阔风情一览无余。嘎隆拉山，平均海拔4800米，冰雪覆盖，险峻崎岖，被当地人称为“神山”。山顶常年冰雪覆盖，冰川横行，险绝无比。道路绕山蜿蜒而行，如同一根银丝带，在悬崖绝壁之间逶迤，在飞瀑流泉之间穿行，驰临其间，有一种豪情尽释的快感。

雅鲁藏布江

雅鲁藏布江，藏族人民的“母亲河”，是世界海拔最高的大河。在藏语中意为“高山流下的雪水”。依绝壁远眺，雅鲁藏布江如同一条“天河”，一路银河倒泻，尽显高、壮、雄、奇、深、险之势。上游曲折分散，湖塘星罗棋布；中游水量丰沛，江河宽广；下游蔚蓝壮观，流骤水急。区域内雪山、丛林、湖泊无垠散落，各种资源繁盛丰沃，流域文化更是源远流长。雅鲁藏布江不仅是西藏文明的摇篮，更是汉藏文化融合的纽带。

雅鲁藏布江大峡谷

位于雅鲁藏布江大拐弯处的雅鲁藏布江大峡谷，是世界上最深、最长，同时也是海拔最高的（河流峡谷）大峡谷。由喜马拉雅山运动和江水的冲刷而成，因其独特的大地构造位置，又被科学家视为“打开地球历史之门的锁孔”。观临大峡谷，无不被眼前的磅礴大气所打动。

18| 林芝：通麦天险最后的相逢

◤行路难，难于上青天，更难于通麦天险。◢

——文化寻访·林芝

在波密温润的目光里，我们被清晨微微的凉意轻轻唤醒。启程，前方是被称为“通麦坟场”的通麦天险。天空还残留着最后的一抹夜色，27 辆等待出发的车将车灯闪烁成星辰。

通麦天险，与排龙天险紧紧相接，全长不到 14 公里，却要走两个小时左右，是名符其实的“死亡路段”。川藏线经过了通麦镇，从通麦临时大桥开始的这段路，异乎寻常的艰难。通麦沿线的山体较为疏松，且附近遍布雪山河流，一遇风雨或冰雪融化，极易发生泥石流和塌方，号称世界第二大泥石流群。对寰行的我们来说，真正的挑战似乎才刚刚开始。

川藏难，难于上青天。一边是帕隆藏布江，一边是万丈深渊。帕隆藏布江紧贴路边或悬崖之下。那些悬崖上的石头总有摇摇欲坠的感觉，并且很多新鲜截面表明刚刚有石头脱落。清澈的帕隆藏布江也成为一条死亡之河。危机四伏中，不知有多少驴友在此遇难，将他们勇敢自由的心，永远地留在了这朝圣的路上。但仍有一批又一批的旅行者和探险家前赴后继地来到这里，也许就是因为不安分的心才更加懂得，世之奇丽瑰怪，常在于险远，没走过 318，就不知道川藏路的艰难；没走过 318，更不知道中国最美的风情走廊。通麦大桥站在 318 国道的咽喉上，细数着帕隆藏布江滴滴答答的时光。

穿越死亡之路后的美景果然未令人失望。天险另一端，是“叫人不想家”的鲁朗林海，素有“西藏江南”的美称。坐落于深山老林中的鲁朗，藏语意为“龙王谷”，是龙王爷居住的地方。区内树满青山、河流纵横，有规模巨大、终年碧绿苍翠、林木葱茏的原始森林和漫山遍野的杜鹃花。

车辆平稳前行，呼吸着高原上的空气，仰望蓝天白云，白云已带走我心中所有的烦闷，再看平静的水面，我的心情也随之安宁。这里一切都是静悄悄，没有喧闹，没有噪音，没有任何干扰，我不禁感叹，这里景色能把秀丽的江南水乡和粗犷的高原风光糅合在一起，着实不负“西藏江南”的美誉。

如果说鲁朗林海是龙王的灵界，那神山色季拉则是神灵的栖息地。色季拉山口不算很高，只有 4700 米，汽车盘旋而上时，却因细雨绵绵，云雾缭绕，竟有“人在天上行，云在脚下走”之感！公路两侧的万山丛中，还被薄纱般的云雾轻柔地环绕着，时时能见到或大或小、或细或宽、或长或短的瀑布从飘渺的云雾中飘落，却不知究竟是从哪里流出来的。大巴在山路上飞驰，随山道左旋右盘，两侧的景色不断变化，仿佛一幅幅淡淡的泼墨山水画。

转过一座山峰，忽然眼前又是一亮，原来已经到达山口，车开始转而下山，这时再看窗外，已经是天蓝云白，阳光灿烂，天气好得叫人难以置信。因为地处高山上，远远地能眺望极远处像波涛般连绵的山峦，重重叠叠，蓝色的山脉就像海浪般望不到边际。

南迦巴瓦峰就在其间。这是西藏林芝地区最高的山，海拔 7782 米，为世界第二十八高峰，它还有另一个名字“木卓巴尔山”，其巨大的三角形峰体终年积雪，云雾缭绕，从不轻易露出真面目，宛如“犹抱琵琶半遮面”的羞涩姑娘，因而也称“羞女峰”。

郁葱葱的灌木丛和茂密的云杉和松树，中间是整齐划一的草甸，溪流蜿蜒，泉水潺潺。南迦巴瓦在藏语中有多种解释，一为“雷电如火燃烧”，一为“直刺天空的长矛”，还有一为“天山掉下来的石头”。后一个名字来源于《格萨尔王传》中的“门岭一战”，在这段中将南迦巴瓦峰描绘成状若“长矛直刺苍穹”。传说，因为其主峰高耸入云，当地相传天上的众神时常降临其上聚会和煨桑，那高空风造成的旗云就是神们燃起的桑烟，据说山顶上还有神宫和通天之路，因此居住在峡谷地区的人们对这座陡峭险峻的山峰都有着无比的推崇和敬畏。

远远望着山顶笼罩的白云，八一镇已然不远了。八一镇所在地原名“拉日嘎”，从前是几个零星的村落，像是镶嵌在林芝这个“太阳的宝座”之上的明珠。而今明珠历经时光的磨砺，愈发光亮，四周森林秀丽葱茏，山光水色十分明媚。离八一镇东南 40 多公里的帮纳村，有一棵 1600 多年树龄的“桑树王”，传为松赞干布和文成公主栽种。这棵屹立在这座城一角的古树，仿佛从千百年前就预示着八一注定成为汉藏文化交融辉映的宝地。如今，这里已经是崭新的土地，沟通着拉萨、成都，直至北上广，生活节奏比拉萨还要快些，难怪桑树王的枝叶愈发繁茂了。

从死亡之路走来，此时的平静愈发澄澈。明年，隧道通车，我们也许是最后一个走过“死亡路段”的车队。而对我来说，这是第一次，也可能是最后一次，与这天险相逢。从此，朝圣者的孤独，更加孤独了。

寰行中国
DAY19：波密－林芝

“灵走川藏”第九日，车队来到林芝八一镇，全程240公里，足足开了7小时，川藏线最险的两段路，一鼓作气，揽驭而过。2014年12月通麦隧道即将开通，或许此次“寰行中国”一行，会是最后一个穿越通麦天险的车队。

离开波密，沿帕隆藏布蜿蜒而行，途经美丽的岗云杉林，一路驰骋，连续翻越通麦天险以及排龙天险，尽揽险绝之巅，观临“神仙居住的地方”鲁朗，登临色季拉山，远眺海拔7782米的南迦巴瓦峰，浩瀚无垠，最终抵达“太阳宝座”林芝的文化中心八一镇。

帕隆藏布

帕隆藏布是雅鲁藏布江水量最大的支流，全长266公里。流域内高山环绕，水流湍急，观行其间，无不被其云遮雾绕，气象万千的奇观所吸引。

通麦天险

通麦天险是川藏线最险的一段路，号称“通麦坟场”。通麦至排龙，山体疏松脆弱，雪山河流遍布，行至此，车身几乎紧贴山崖而行，容不得半点闪失，一边是“世界第二大泥石流群”的虎视眈眈，一边则是绝壁悬崖的万丈深渊，全长14公里，颠簸、涉水、落石、绝壁一应俱全，时刻危机四伏，跋涉而过，堪称飞檐走壁涉险通天。古人有云，“川藏难，难于上西天”，而通麦天险就是那道令人望而生畏的“第一天险”。

排隆天险

紧接着通麦天险的是排龙天险，以险峻奇绝闻名于世，与通麦合称“死亡路段”。千仞绝壁，飞瀑直泻，驱车于此，等待大家的是恶劣路况的极限，险、窄、陡、泞一应俱全，并随时面临泥石流和塌方的险境，可谓险象环生。征服排龙天险，对于勇气以及驾驭能力都是一次非凡的考验。

鲁　朗

鲁朗，平均海拔3700米，境内青山绿树、水网纵横，原始森林碧绿苍翠，杜鹃花遍野漫山，是名副其实的“神仙居住的地方”。最为世人所追崇的“鲁朗林海”，如同一座天然的生物基因库，里面灌木丛生，大树参天，溪流蜿蜒，泉水潺潺，各种生物怒放盛开，缀于其中的木篱笆、木板屋、木头桥如同世外仙境。

色季拉山

色季拉山位于念青唐古拉山脉，是尼洋河流域与帕隆藏布江的分水岭。山岭绵延，白雪皑皑，沿路转山，恍若置身仙境，茂密繁盛的植被，簇团缭绕的白云，漫山遍野的肆意绽放。登临色季拉山，经幡被吹得呼呼作响，远眺便是浩瀚的云海，无垠的森林，以及出云入雾的南迦巴瓦峰的峻美雄姿。

南迦巴瓦峰

南迦巴瓦峰，海拔 7782 米，西藏林芝地区最高的山，有“长矛直刺苍穹”之寓。终年积雪，云雾缭绕，也是西藏最古老佛教“雍仲本教”的圣地。冰雪剥蚀的陡岩峭壁，峡谷沟槽中的巨大冰川，波谲云诡，寒风凛冽，无不令人望而生畏。南迦巴瓦峰是世界第 28 大高峰，历来都极具浓郁的传奇色彩，无论是“天山掉下来的石头”，还是南迦巴瓦的传奇故事，都极具深意。

林芝八一镇

林芝，藏语意为“太阳的宝座”。境内土地肥沃、物产丰饶，历经千年传承发展的林芝文化，更是源远流长博厚精深。抵达林芝的文化中心八一镇，远山缭绕，白云叠嶂，丰硕的文化质韵扑面而来。相传松赞干布和文成公主栽种的千年古树，距今已近 1600 年，依然雄立于城市一角，藏文化与汉文化的共融，在这座城市绵延流长，并有着历久弥新的璀璨感。

19| 巴松措：红教经幡上，格萨尔王的传唱

要一壶奶茶，抱上一本书，在太阳下打个盹，直到眼前的雪山被夕阳点燃。

——文化寻访·巴松措

湖水清澈见底，岸边雪峰与蓝天、密林、花海相互映衬。

每天都有无数的眼睛为巴松措的圣洁礼赞；而在夜色深处，只有格萨尔王围着错宗工巴寺慢慢踱步，蹄印、剑痕、藏文、神泉，似乎有着最直白的陈述。

格萨尔王战马的蹄印位于巴松措中的小岛叫“扎西”，传说它是个“空心岛”，岛与湖底不相连而是漂浮在湖水上。站在岛上，我多次跳跃，没有感觉到空心的漂浮感，或许这就是个传说吧。

岛上有一座始建于唐朝的寺庙——错宗工巴寺。错宗寺为土木结构，上下两层，佛殿内有 3 尊巨大佛像：正中是莲花生大师，左侧是千手观音，右侧是金童玉女像。寺前的小广场上，高高地树着一根法轮柱，定定地刺向广袤天际。一根法轮柱意味着这是红教的地盘。

寺院古朴的大门两侧各有一个男女生殖图腾的木雕。藏传佛教寺院供奉生殖器，与西藏原始教——苯教崇拜自然有很大关系，后来兴盛的藏传佛教宁玛派密宗吸收了苯教的有些教义，将铜、木制的男性生殖器供奉在寺院，以达避邪、镇伏妖魔之作用。但男女生殖器同时供奉，据说唯有喇嘛岭寺与错宗工巴寺。

2014 年 9 月 6 日，活泼的藏族女导游说，“男摸女，女则摸男，你们上去摸一下。”不过，大家面面相觑，没有人上去摸。旁边的一个中年旅行团，倒是有大叔摸着拍照，有人哄笑起来。

寺庙不准拍照，进庙堂必须摘帽，并且要顺时针进去观瞻。进去的人说，里面漆黑一片，要从装满经卷的廊柜下爬过——四壁涂黑，经过一个直角弯道，才复见光明。

作为宁玛派著名的神湖，每年来巴松措转湖的人很多，尤其是藏历四月十五日。虔诚的人们围湖转一圈一般需要两三天。我站在湖边，看着鱼儿在岸边觅食，索性从藏族妇人那买来糌粑，喂食起来，鱼儿游荡，波光粼粼。微风吹过，恐怕这是最好的季节吧。

同样，我们沿顺时针方向转岛，寺南有一株桃和松的连理树、格萨尔王战马留下的蹄印、挥剑于石头上留下的剑痕、桃抱松、以前的水葬台、树叶上有自然形成的藏文字母的“字母树”、莲花生洗脸的神泉……可谓步步有神奇。

我不知红教在这个林木茂盛、层层叠叠的深谷里处境是否还如点燃的香火般热烈，却明白格萨尔王的故事在巴松措这个红教圣湖里沉溺喑哑，艰难求生。

※

在这部属于牧业文化的赞歌里，老百姓把格萨尔和他们心中的神结合起来了。即在说唱中表现了一种对祖先神和英雄二者合一的崇拜。作为他们的精神支柱，他们对格萨尔非常崇拜尊敬，除了艺人演唱，在民间的一些重大事件，如婚丧嫁娶中也要唱格萨尔，有鼓舞士气、带来吉祥、祈福等功能。

这部融合着宗教信仰、本土知识、民间智慧、族群记忆、母语表达的史诗在现代文明的逼迫下踉踉跄跄。不过，它再也看不到一个吃茶的客人能用一天的光景沉浸在情怀里若有所思；它听到那些唱出故事的声音越来越微弱，并不是文字记述不能曲尽其意，它只是喜欢从那些气息不稳的鼻息里喷薄而出，有着最隐私与切肤的温度。

88 岁的桑珠从小是在外祖父的膝盖上长大的。外祖父晚上常常喝酒，之后便开始唱那些悠久历史里辉煌而精细的信仰。一直听到了 11 岁，后来桑珠便做了梦，梦见格萨尔的大将跟他说，你要唱格萨尔，要弘扬格萨尔的事迹。听到这样的话以后，他就开始试着说唱，慢慢地越唱越多，这也是个积累过程。后来他就开始流浪，走了很多地方，冈底斯山、玛旁雍错他都去过。流浪于说唱传承仿佛是一笔等价交易，以最冒险的形式来追求最稳定的真实。在雪山上、在朝圣路上、在油酥灯里、在青稞酒里、在圣湖与寺庙里，都有着每一个虔诚的灵魂对格萨尔王最恭敬的跪拜。

说唱技艺的习得和传承方式不同，有神授艺人、闻知艺人、掘藏艺人、吟诵艺人、圆光艺人等几种类型。神授艺人似乎是最独特的存在，亦有着最虔诚的昭明。

卡察扎巴·阿旺嘉措举起铜镜，一些故事就像反射的光线般进入眼睛，一些内容慢慢写进这位老人的心里。如今他的眼睛不太好，但举起一个铜镜，格萨尔的故事还是如同小时候般清晰而大方地出来了。他能从铜镜里抄写格萨尔，抄出来以后再说唱。这种形式在史诗的演绎过程中也是唯一的，其他的很多艺人都说是做梦或是神授，而阿旺嘉措却用这种稀有而神秘的金属质感般的方式慢慢试探着将格萨尔王的故事里注入新鲜的血液。

时间终将会毫不留情地把这些肉体与记忆带走。这些传唱的流浪艺人，在一次次的反复吟唱后，在每条皱纹的叠加与累计中，终将带着与格萨尔王最深厚的情感与世长辞。年轻的继承者，也不过有几十人，在与现代文明做着最微弱的抗争。

去世的扎巴老人在西藏大学的时候，说自己能唱 34 部（不算小的宗），到他去世的时候只录了 25 部半，剩下的 8 部半就被他带走了，没人可以续写他的后半部分，成了绝唱。

那些年轻的说唱艺人，最小的刚成年，便开始接过说唱的使命，对一千年前那个一生戎马、弘扬佛法的旷世英雄，表达了最尊敬的致意。年轻的生命里到底有多少持久力与信仰力能为格萨尔王的传唱开辟一个新的方向，这一切只能交付给时间。

印度史诗《罗摩衍那》、古希腊史诗《伊利亚特》、古法兰西的《罗兰之歌》、非洲的马里史诗《松迪亚塔》等都有着辉煌不可复制的传奇。可这些从远古而来、以庞大和宏伟见长的艺术，却最终妥协于并不平衡的价值体系里，不计得失、宽厚以待。这是现代人的悲哀，还是传唱艺术的宿命所在?

如果一个民族血液里质地鲜明的艺术元素慢慢消失，那么这个民族也终将慢慢失声，形体枯槁；如果格萨尔王的传唱渐渐湮没于时代洪潮中，这不仅是松巴措与红教的悲怆，更是一个民族的黯然与跌落。

※

淳朴古老的人文原生态也是巴松措引人入胜的地方。漫步在结巴村，我看

见了工布人善良的笑容。

他是结巴村村长多吉。多吉村长上身穿的是一种称为“果秀”的黑色长坎肩，夏天以氆氇缝制，冬天以毛皮缝制，多为黑色和紫色，在“果秀”的领口镶上缎边，戴着工布帽是圆筒形的，帽底缝一层绿色的绸子，帽檐上镶一圈虹形彩缎。

多吉村长颇有一副康巴藏人的感觉，他说，生活在工布江达县境内的藏民被其他藏区人民称为“工布人”(意为生活在凹地里的人)。他们有自己的服饰、独特的建筑、不同的节日，甚至语言都与其他藏族不同。

结巴村位于巴松措湖南岸凹地处，是工布藏族的聚集地。据东噶藏学大辞典记载：“工布即吐蕃卫藏四茹(卫茹、约茹、叶茹、如拉茹)之属，约茹东面地处年楚河上中下游地区娘铺、龙普、工布。年楚河上游大小支流汇合至工布江达县境内流域叫作娘铺；从雪卡至年楚河处为龙普；楚河和雪卡大河交汇处至下工布孜拉岗之间叫作工布。” 关于工布王的历史渊源，很多藏文历史文献都有记载，公布第穆萨摩崖碑就有一段文字专门做了记载。第穆摩崖石刻《西藏历史上的铭刻和碑文综述》记载：“吐蕃王朝所属十二小邦之一的工布王就是这一带的部落首领。”摩崖石刻上说：“天神六兄弟之子尼赤赞普来主人间，化现于天山之侧，至直贡赞普七代。居琼瓦达孜堡寨。直贡赞普之子长为聂赤，幼为夏赤，夏赤继承赞普王位，长兄聂赤来到工布被拥为工布王。”

原始工布风情的藏式村落结巴村有 80 多户农家。有人在游记里说：“随意推开一户人家，你就会受到他们的热情款待。屋内有火塘、石锅、铝锅等，既可做饭，又可取暖，点的灯是吊在空中的高山松，烧的柴是品质非常好的青冈木，屋顶已被熏成了黑色。吃的是放养的藏香猪、薄石板上烙制的麦饼、松茸烧鸡、巴河鱼、青稞面，喝的是上等的青稞酒。想去洗手间可需要一番胆量，只是一间挂在二层屋外悬在半空的木屋。”

传说，一位朝佛人独自转湖，将马鞍遗忘在这里，第二天，他返回去寻找，发现马鞍还在原地。他自言自语道：“难道是佛祖的指点，叫我在这里安家落户不成？”于是他便成了此地第一个居民。若有人问此地叫什么，他就说：“结巴”忘了。

“结巴”在藏语里意为“遗忘”，就像一个被世人遗忘的世外桃源，如今却名闻遐迩，是一个知名的旅游景点。但愿熙熙攘攘而来的人群不会改变工布人脸上淳朴的笑容。

20| 拉萨：只为与你相逢

◤那是真主手心中捧着的玉石，它瑰丽的色彩如同少女含羞的微笑，让人如此神往。◢

——文化寻访 · 拉萨

那一刻，升起风马，不为祈福，只为守候你的到来；
那一天，闭目在经殿香雾中，蓦然听见，你诵经中的真言；
那一日，垒起玛尼堆，不为修行，只为投下心湖的石子；
那一夜，听了一宿梵唱，不为参悟，只为寻你的一丝气息；
那一月，摇动所有的经筒，不为超度，只为触摸你的指尖；
那一年，磕长头匍匐在山路，不为觐见，只为贴着你的温暖；
那一世，转山转水转佛塔，不为来生，只为途中与你相见。

21| 布达拉宫：信仰如魂如月

垒起玛尼堆，不为修行，只为投下心湖的石子。

——文化寻访·布达拉宫

向往拉萨已久，9 月 6 日夜间 11 时终于踏上这片土地。从成都、康定、巴塘、左贡、波密、墨脱、林芝到拉萨，全程近 2650 公里，一路跋涉与探寻。在 318 国道川藏公路 60 周年这样一个意义非凡的年份里，寰行中国团队选择川进藏出，感谢他们的付出。

2014 年 9 月 7 日参观布达拉宫，我却没能进去，因为没有预约上，我只好围着布达拉宫转了一圈。9 月 8 日我回北京过中秋节，9 月 10 日再次来到拉萨，终于在 11 日能一探布达拉宫的神圣和神秘。

拉萨的天，亮得晚，早上九点钟天空刚微微泛蓝，大街上还静谧，偌大的街道只偶尔几个行人，还有虔诚匍匐在地的藏民。

朝圣，可以说是每个藏民一生中最重要而崇高的事情了。一生中至少有一次会不远万里磕着等身的长头，哪怕一路行乞，只为了在那尊神圣的佛像前拜上一拜。朝圣者一旦踏上了朝圣之路，便不会遇难而退。信仰有如灵魂中的一轮明月，赋予执念和战胜一切的力量。然而，精神虽然强大，但肉体毕竟脆弱，许多朝圣者会在这未卜的迷途中永远地倒下。此时，即使是孤独的朝圣者默然地死在路上，经过他身边的朝圣者也会像他的同伴一样，把他的骨殖埋葬，然后再带上他的牙齿重新上路。在西藏这座雪域佛地，朝圣者永远受人敬畏。在依依不舍的眼睛里，他们的身影融入高原的蓝天、白云、远山和空旷的草色中，融入圣城拉萨殿宇嵯峨，仿佛阔别已久的灵魂归属——布达拉宫。

当初松赞干布为文成公主与尼泊尔公主，将这千间九层宫殿落于红山上时，可曾想过她会在千百年后萦绕于一个个朝圣者和旅行者的梦中，相逢又相遇。这个过去我只能在梦境中、在诗歌里、在画册上、在故事里遇见的拉萨，就这样如此真实地出现在我的视线中。

布达拉宫是雪域高原的标志性建筑，同时也是宝贵的世界文化遗产之一，庄重威严，白瓦红墙，坚实敦厚的花岗石墙体，松茸平展的白玛草墙领，金碧辉煌的金顶叠砌融合，在蓝天白云的映衬下，笼罩着一层神秘而圣洁的光辉。

白宫横贯两翼，顶层为达赖喇嘛宫殿，分东、西日光殿，其中既包括达赖喇嘛的生活起居处、书房、经堂等，又有议政、会客等场所。有各种殿堂长廊，摆设精美，红宫居中，供奉佛像、松赞干布像、文成公主和尼泊尔尺尊公主像数千尊，以及历代达赖喇嘛灵塔。一世至四世达赖喇嘛的灵塔分别安放在日喀则的扎什伦布寺和拉萨的哲蚌寺，除六世达赖喇嘛仓央嘉措外，五世至十三世达赖喇嘛等八位的灵塔则全部安放在布达拉宫的红宫里。

出殿向左，徜徉在拉萨的八廊街上，高原厚重古朴、温馨祥和、神秘又虔诚的宗教气息便扑面而来，而这八廊街的主角，正是大昭寺，9 月 10 日我在此细细聆听，却毫无唐的气息。院落东侧有数排酥油灯，白天也总是长明不灭。而酥油灯后的主殿，连门口的石头地板都因为信徒多年的摩擦而始终光亮如镜。

传说大昭寺寺址最早是一片湖，松赞干布曾在此湖边向尺尊公主许诺，随戒指所落之处修建佛殿，孰料戒指恰好落入湖内，湖面顿时遍布光网，光网之中显现出一座九级白塔。于是，一场以千只白山羊驮土建寺的浩荡工程开始了。

在这里，你几乎可以领略到古老高原上几乎所有的特色文化载体。不少人手里捻着念珠或摇转着经轮，嘴里不停地念着六字真言——唵嘛呢叭咪吽 。据《西藏王统记》称：六字咒是一切福善功德之本源，是一切利乐成就之基础，若能忆念此咒，则如日照雪山，所造罪障恶悉得清净，往生极乐世界。若佩于身，善男子，四百零四种病患不能侵犯。

转经的人流中和大昭寺广场上，有众多的磕大头、磕短头、磕响头的教徒们。只见他们念着佛经，双腿被捆，双手合一，趴下、起来、再趴下、再起来。

忽然想起作为格鲁派领袖六世达赖仓央嘉措。一个多情的诗人，一个不羁的才子。15 岁居高墙深院过着教律森严的生活，却是一个反对宗教虚无神秘和禁欲的人。他化名唐桑旺布，并结识了一位来自琼结地方的美丽姑娘达娃卓玛，两人相知相爱。但不幸的是他的行为为宗教势力所不容。仓央嘉措伤心至极，写下了大量思恋情诗。1705 年，拉藏汗向康熙帝报告其行为不遵守宗教戒律，不应是五世达赖喇嘛的转世。于是皇帝废黜了仓央嘉措，在被押往京师途中，心病疾病交织，在走到青海湖边时病逝。或许，在佛的世界里，他是一个“异类”，敢于突破世俗，在人的世界里，他却被称为“世间最美的情郎”，敢于追求真爱。在艺术的世界里，他是一朵奇葩，写了许多流传至今的诗句和情歌，或许，这些对他来说，已经足够。

而拉萨并不单是灵魂的归属，亦是温柔慈祥的生活。妮啦卓康的糌粑，在我们这些异乡人的手中依然毫不吝啬它匀称细致的温度。青稞晒干炒熟，磨成细粉，然后置入碗中，缀入酥油茶，用手浸水进行搅匀，直到把糌粑揉捏成团。手指在一下一下的搅拌中，安然地陶醉在它的甜香里。

转山转水转佛塔，拉萨，值得用尊敬的眼光去注视，用心去体会。

生命中始终有东西在逼近，被岁月封印，并在光阴里暗淡，无法跨越，正如终将随马蹄声走远的旅程。然而记忆却始终超乎想象，驱使心灵走在时光的前方。犹如温暖而寂静的春日，自斑驳的树叶间隙里投下的阳光，填满一长串或深或浅的足迹，在前行中积累、纪念，在没有追悔的期待中，不虚此生，不虚此行。走近拉萨，也只是为，在途中与这永生的记忆相见。

寰行中国
DAY20：林芝－拉萨

“灵走川藏”第九日，车队抵达目的地圣城拉萨。从林芝出发，揽驭而驰318川藏线最后的240公里，足足12小时，先后领略世界屋脊上的神湖巴松措，林芝西大门工布江达，以及雄奇浩瀚的米拉山，最终抵达灵走川藏线的终点，圣城拉萨。今年是318国道川藏公路建成并通车60周年，在这样一个极富纪念价值的年份，“寰行中国”·中国文化之旅更显意义非凡。

巴松措

离开灵芝八一镇，一路驰骋，来到美丽的巴松措。巴松措藏语意为“绿色的水”，是西藏东部地区最大的堰塞湖之一。环湖四周，青山如黛，布满郁郁葱葱的原始森林，从天空俯视，巴松措就如一轮新月嵌于其中。观临于此，无不被眼前的美景所吸引，湖水清澈见底，湖面青鸟纷飞，雪山、湖泊、森林、人文、古刹交融一体，堪称世界屋脊上的原生态博物园。

走上湖心岛，犹如置身宗教文化圣地。存有的“错宗工巴寺”，为红教宁玛派寺庙，建于唐代末年，距今已有1500多年历史。千年的文化传承与发展，源远流长。这里佛像林立，经书万卷，古迹遗韵无不充满盎然生命力。绕岛而行，经幡遍布，风一吹，密密麻麻的经文，便开始虔诚地念颂信仰。这个至今还是世外桃源的地方，让我们看到了藏域文化的博厚宽度。意味深长，回味无穷。

工布江达

工布江达，藏语意为“凹地大谷口”，是林芝地区面向外界的西大门。这里皑皑雪山雄奇壮阔，郁郁草原辽阔旖旎，秀美湖泊浩如烟海，在这里短暂停留，如置绿洲天堂。当然，同样令人赞叹的还有这里独特的风俗民情，以及历史文化。

米拉山

米拉山，藏语意为“神人山”，海拔5018米，是林芝地区与拉萨的分界岭，从林芝到拉萨必须翻越米拉山。登临垭口，山风呼啸，经幡摇曳，米拉山高大雄奇的气象，尽收眼底。一路驰骋而下，圣城拉萨，就在信仰引领的前方。

拉　萨

耗时九天，全程将近2650公里，“寰行中国”·中国文化之旅车队最终抵达这座朝圣者的天堂，藏传佛教之圣地，历史文化名城—拉萨。境内风光秀丽，宗教气息浓厚，古迹遗址星罗棋布，有布达拉宫、大昭寺、罗布林卡等世界文化遗产等待我们去探索。朝圣于此，虔诚之至。

寰行中国
DAY21：圣城拉萨

“灵走川藏”第十日，探访拉萨，朝圣布达拉宫。从白宫观历至红宫，如沐藏文化的博厚长河，耐人寻味之间，尽赏殿内珍奇文物和艺术品，登临这座堪称藏族文化殿堂的博物馆，拉萨的整个圣景，尽收眼底。相聚尼啦卓康，与美国国家地理频道进行互动体验，亲手制作藏族牧民传统主食糌粑。

布达拉宫

雄踞拉萨要塞的布达拉宫，被称为“世界屋脊上的明珠”，规模庞大，气势宏伟，拥有1300年悠久历史，是当之无愧的藏民族的象征。布达拉宫由红宫、白宫及其他附属建筑组成。红宫位于布达拉宫的中央位置，外墙为红色，主要用于供奉佛神和宗教事务。两旁是白宫，是历代达赖喇嘛进行政治、宗教管理的地方。

布达拉宫，珍藏着丰富的文物和艺术品，灵塔、壁画、唐卡、经幢，不胜枚举，其工笔精湛、线条流畅，堪称艺术瑰宝，还有独一无二的雪域非物质文化遗产，令人赞叹不已。穿行其间，犹如置身藏族文化艺术的博物馆，这里蕴藏着藏、汉民族在艺术、宗教等方面的卓越成就，以及文化方面的共融。

布达拉宫聚集了虔诚的转经藏民，步伐络绎不绝，香火冉冉不断，不远千里前来的朝圣者，在这里得到灵魂的洗礼。带着一颗虔诚的心，朝圣于此，无不被眼前的饕餮文化盛宴所震撼。一步步登顶布达拉宫，拉萨整个圣景，尽收眼底。

糌　粑

离开布达拉宫，一行来到尼啦卓康，在这个拉萨地道的藏餐文化之家，与美国国家地理频道进行互动体验——亲手制作藏族牧民传统主食糌粑。先由尼啦桌康的央金拉姆为大家讲解糌粑的制作工艺，并进行示范演绎。“先把青稞晒干炒熟，再磨成细粉，然后置入碗中，缀入酥油茶，用手浸水进行搅匀，直到把糌粑揉捏成团为止”，制定了一条比赛规则，“糌粑粉要保留在碗里，造型要匀称漂亮，碗底碗边不能有残渣，做到以上三条，就是糌粑达人。”

在这个根据贵族庭院格局建设的藏式建筑中，响彻着寓教于乐，以及文化共融的笑声。大家兴致盎然，斟粉、缀茶、揉团，手艺活做得有声有色，最终在央金拉姆的指导下，评出糌粑制作的前三名。他们被献哈达，邀喝青稞酒，甚至被要求按藏族名俗，留下来当女婿，一句扎西德勒，不亦乐乎。

至此，“寰行中国”·中国文化之旅，第三条线走到了终点，兼容并蓄，万象融合，是“灵走川藏”线传达给我们的精神。

成都、康定、巴塘、左贡、波密、墨脱、林芝，以及拉萨，全程将近2650公里，一路跋涉与探寻，在318国道川藏公路60周年这样一个意义非凡的年份里，让我们对多文化之间融合互济的传承与发展，有了一个更全面的领会。

“寰行中国”·中国文化之旅，2014年9月12日再次启程，踏上“雪域天路”的文化旅途，从拉萨到西宁一起探访“包容”精神。

拉萨 西宁

第四部

「雪域天路 文化精髓：包容」

22| 纳木错：圣湖的尘世嘈杂

◤在西藏这片卓绝清丽的高原上，天边的纳木错美得令人窒息，美得令人心醉。置身于纳木错的怀抱，整个灵魂也仿佛被这圣洁幽蓝的湖水所洗涤。◢

——文化寻访·纳木错

在没来纳木错之前，对这个高原湖泊并没有特别的印象。不过，我知道，在青藏高原，凡是湖泊都有着神圣的意义，比如然乌湖、巴松措、羊卓雍措、玛旁雍措。

位于拉萨市当雄县和那曲地区班戈县之间的纳木错，当然也不会例外。纳木错是藏语，腾格里海是其蒙语名，不过，无论是纳木错还是腾格里海，都意为“天湖”。

这个湖面海拔 4718 米、东西长 70 公里、南北宽 30 公里的湖泊，是世界上海拔最高的咸水湖，她和阿里神山下的玛旁雍措、日喀则岗巴拉山下的羊卓雍措并称为西藏三大圣湖。

既然是圣湖，自然与藏传佛教有关。查阅资料发现，纳木错是古象雄佛法雍仲本教的第一神湖。象雄王国是阿里地区的少数民族部落王国，信奉雍仲本教。雍仲本教是西藏本土最古老的佛法，也是藏传佛教的起源。据说，敦巴辛饶佛创建雍仲本教后，改变了杀生祭神等原始宗教杀戮，而采用糌粑和酥油捏成各种彩线花盘。这就是朵玛和酥油花的起源。

2014 年 9 月 12 日，从青藏公路驶出，直奔纳木错的旅游公路，一段蜿蜒而上，要翻越一个山口才能直抵湖边。一群商贩在兜售手工艺品，质量低劣、喋喋不休；一只“纯白”牦牛在吆喝着游客拍照，一次 30 元，据说从 2007 年就开始在这里揽客收费了。

放眼望去，湖面一片宁静幽蓝，浪花浅吟，偌大的湖面却如一池碧波，并没有显得广袤无垠，仿佛波澜不惊地面对尘世的熙熙攘攘。

纳木错湖面如镜，它依偎在云遮雾绕的念青唐古拉山旁。念青唐古拉山是藏地三大神山之一，在宗教上是西藏著名的护法神，是文化积韵极其丰沛的圣地。主峰念青唐古拉峰海拔 7111 米，终年白雪皑皑。

湖水的四周草原环绕，而湖岸边则是细细的碎沙和杂石。不远处，一对新人正在拍摄婚纱照。这是个理想的海誓山盟处，它以圣山圣湖为伴，对爱情和婚姻的意义自然不同凡响。因为，在藏地神话里，在当地牧羊人和狩猎者的民歌和传说里，念青唐古拉山和纳木错是生死相依的恋人，念青唐古拉山因纳木错的衬托而挺拔硬朗，纳木错因念青唐古拉山的庇护而绮丽平静。

一望无际的清澈湖水和无比透明的湛蓝天空让纳木错洗涤了身心。古象雄佛法说：心是一切的基础，它创造了佛、也创造了众生；创造了快乐、也创造了痛苦；创造了生、也创造了死；创造了地狱、也创造了天堂，谁也比不上心的能力。心觉悟就是佛、心迷惑就是众生。而在这里，在纳木错，只有湖水、蓝天、雪山、白云，只有湖光山色，清新怡然，心仿佛沾上了灵气，将浮生愁云荡漾的愈行愈远。

所以，藏地信徒对圣湖顶礼膜拜，有数日转湖诵经的传统。据传，在 12 世纪末，藏传佛教达隆嘎举派创始人达隆塘巴扎西贝等高僧，曾到湖上修习密宗要法，并始创羊年环绕纳木灵湖之举。信徒认为，每逢羊年，诸佛、菩萨、护法神集会在纳木错设坛大兴法会，羊年朝拜转湖诵经一次胜过平日朝礼转湖念经十万次。所以，藏历羊年之际，僧俗信徒不惜长途跋涉，前往纳木错转湖。

信众们迢迢千万里，不畏艰辛，转湖朝圣，以寻求灵魂的超越，他们这个神圣的湖泊像千百年以前一样，降福于此生和来世。然而，纳木错在现代文明的侵扰下，努力保持着自然生态，但是却愈发显得无力感。两位藏族青年迎面走来，热情的让我拍照合影，当我转身离去的时候，他们用生疏的汉话说：“钱，钱！”

我在湖边静坐，肃立，仰望苍穹，仿佛离这个世界越来越遥远。这真是个神奇的所在，我轻轻地把双手伸进水里，拨弄着湖水，清凉透过指尖蔓延身心。临别那一刻，我带走一瓶湖水，带走我被荡涤的心灵，带走融入我心灵尘垢的湖水，融入青藏公路的茫茫旷野里。

我从车内，致敬回望，纳木错却在天边。

寰行中国
DAY22：拉萨－那曲

“雪域天路”第一日，车队来到那曲，全程448公里，历经12小时的长途奔袭、摄氏零下3度的骤降低温、4450米的高海拔冲击，勇敢精进，于山河壮阔之间，一鼓作气，昂驭而抵。

从圣城拉萨出发，沿青藏公路而行，揽念青唐古拉山之圣景于无垠，并驰大美青藏铁路，一路飞驰，驭临“天湖”纳木错，尽赏碧波壮阔之美，于白云飞隽下前行，登临那根拉山，最终抵达那曲。

青藏铁路

一路并驰青藏铁路，豪情壮阔。青藏铁路是世界上海拔最高、线路最长的高原铁路，最高海拔为5072米，其中海拔4000米以上的路段达960公里，素有“离天堂最近的铁路”之誉。全长1956公里，途经拉萨、羊八井、当雄、安多，翻越唐古拉山，再经雁石坪、沱沱河、五道梁，如同一条“天路”桥接两地。驱车远眺，列车呼啸，或在左侧奔驭而过，或在右方驰骋而去，一种磅礴的力量，在我们心中共鸣。

念青唐古拉山

沿念青唐古拉山而行，山峦叠嶂，浮云如簇，壮阔风景一览无遗。念青唐古拉是藏地三大神山之一，在宗教上是全西藏著名的护法神，是文化积韵极其丰沛的圣地。平均海拔5000～6000米，主峰念青唐古拉峰海拔7111米，终年白雪皑皑，高耸入云。观临于此，浩瀚无垠、变幻莫测的高原壮景，尽收眼底。

当 雄

当雄，藏语意为“挑选的草场”，平均海拔4200米。驰骋在广袤无垠的当雄草原，牛羊遍地，山峦飞云，绮丽壮阔的风情胜景，一览无遗。

纳木错

纳木错，藏语意为“天湖”，湖面海拔4718米，东西长70公里，南北宽30公里，总面积达1920多平方公里，蓄水量768亿立方米，是世界上海拔最高的咸水湖，同时也是西藏“四大圣湖”之一。这里碧草如茵，湖水澈蓝，雪峰皑皑，一幅无垠并无比美丽的画卷，于天地之间旖旎展开。驭临湖边，极光播撒而下，飞鸟云间翱翔，一卷波浪迎面敲打而来，如同圣女的一抹灿烂微笑。

那根拉山

离开纳木错，蜿蜒而上那根拉山，经幡飞舞，雨骤纷飞，驰临海拔 5190 米的垭口，千年圣雪积于云巅的美景，览阔于心。

那 曲

那曲，藏语意为“黑河”，地处西藏偏北，位于唐古拉山和念青唐古拉山之间，平均海拔 4450 米以上。境内雪山环绕，草原连绵，于风中一路驰骋，宽阔无垠、圣洁空灵的味道，匀润肆意而来。

23| 可可西里的死与生，藏羚羊般自由

◤云在这里是彩色的，清晨金的耀眼，午后白的纯洁，傍晚红的炙热，这是格尔木天空里最美的烟花。◢

——文化寻访·格尔木

这是值得期待的一天，沱沱河、唐古拉山口、可可西里、昆仑山口……

2014 年 9 月 13 日，轻睡眠后清晨出发，离开唯一没有树的城市那曲，前往格尔木，沿途要穿越梦寐以往的可可西里。但是，这又是一段长途跋涉的旅程，行程 850 公里，限速 16 个小时，全程海拔 4700 米。

“晚上见！”出发前，我在朋友圈里说。其实，应该说，“明天见！”9 月 14 日的凌晨 00:30，21 辆车经青藏线，安全到达格尔木，实际耗时 17 个小时，这是寰行中国全程中最艰苦的一天。

没有人畏惧这段旅程，一路向北，沿途的羌塘草原草色苍莽，高海拔，低流云，仿佛头顶飘过，远处伴以点点湖泊。川藏看河，青藏阅湖；川藏看山，青藏闻草……别是一番视觉盛宴。

青藏线并非没有高山。中午。我们抵达妥巨拉山，海拔高达 5170 米，我穿着冲锋衣依然感到寒意，在海拔路牌下留影，没有高原反应是幸福的。

大雪、冰雹，1℃……海拔 5231 米的唐古拉山口以特有的方式致敬大自然。当下午一时抵达这里的时候，我激动了，因为她是养育我的长江发源地，被称为“雄鹰飞不过去的高山”，也是世界最高公路。

大自然总是奇妙的，车开出 100 米的青海境内，就匆忙告别了纷飞大雪，我们在毫无雪迹、天气晴朗中一路前行。在目睹同伴经历险情所幸安然无恙后，我觉得这里是表达祝福的绝佳所在：“我希望三江生命之源的唐古拉神山和途经的纳木错圣湖能给朋友们带来最圣洁的祝福，扎西德勒。”

一路上，青藏铁路呼啸而过，前面就是沱沱河，它是长江的正源，此时已经是下午五时。沱沱河大桥是长江第一桥，桥上浮现出彩虹。不幸的是，可能是车手高反或车速过快，某车队的一辆车飞下路面，在沿途，则看到十辆左右的大货车飞冲下了路基和焦急的司机。

晚上七时，抵达可可西里。如其说是晚上，不如说是下午，依旧是中国东

部四五点的光景，当最后一缕阳光洒向可可西里的时候，草原披上了金色的霞光，美不胜收。

不过，可可西里的深处才是无人区，沿着青藏公路奔行，一位摄影师追拍藏羚羊，马上就有保护区的工作人员出来制止。我甚是诧异，他究竟是从何处出来的。

晚上，我才知道，他们来自索南达杰保护站。索南达杰（1954—1994 年），青海省玉树州治多县委副书记兼西部工作委员会书记。他曾感叹说："可可西里不是无人区，而是无法区。"

1990 年代，他让淡漠在公众和政府之外的可可西里和藏羚羊回到了人们的视野。不过，对于索南达杰家族来说，代价却极为沉重。

※

1994 年 1 月 ，那是索南达杰第 18 次进入可可西里。在此之前他从格尔木给妻子多沙才仁发过一次电报，只有 4 个字：8 号上去。

雪山融水滋润了位于昆仑山和唐古拉山、阿尔金山之间的广阔高原，它就是著名的"可可西里"。可可西里被认为是世界上除南北极外最大的一片无人区，这片无人区曾是藏羚羊、藏野驴、野马、野牦牛等珍稀野生动物的乐园。

不过，这次进入可可西里，索南达杰的初衷并非全在藏羚羊。

工作组成员靳炎祖回忆，索南达杰的目的有三：考察可可西里地形；勘探矿点，摸清金矿等的位置，了解滥采滥挖的情况；打击盗猎。

1 月 16 日这天，索南达杰与助手们已经在无人区穿行了 8 天。此时他们的供给不多，尽管吃过大把的药片，纠缠已久的慢性胃肠炎还是令索南达杰在头一天晚上几乎一夜未眠。可看到盗猎者的车队时他还是兴奋了起来。

两方车队对峙，正如《可可西里》电影里所演绎的惊心动魄一般：盗猎者车队强行通过时，索南达杰工作组一边躲避一边噼里啪啦地开枪。水箱打破，玻璃"哗啦啦"打碎，轮胎也被击中，汽车一头栽在路边，汽油哗哗地流出来。司机扎多一侧的驾驶室门上有 3 个弹孔，他大腿中枪，伤口靠近大腿根部。索南达杰让秘书扎西多杰与另一名司机将其先行送出。

临行前，他用自己那把上膛快又轻巧的79式手枪换下了扎多不好用的54式。

人员的减少与换枪事件，冥冥之中都暗示着悲剧的出现。靳炎祖始终耿耿于怀，“这都是命里注定。”

1月18日下午时分，原本走在前面的索南达杰的车子突遭爆胎，这也算是巡山中的寻常事。为了不耽误进度，索南达杰让靳炎祖和向导韩维林押解盗猎犯先走，找到有水处驻扎、烧水等他，他则让工作组的一辆租来的东风车停下，司机留下来帮忙修车。

可等索南达杰回来时，天色渐暗。他不知道此时靳炎祖满脸是血，已经昏厥。韩维林也几乎同时被制服。两人脱险后发觉，靳炎祖左右脸均被踢开口子，韩维林则在头部遭到铁棍重击。

索南达杰的最后一刻，在《南方周末》的报道里被尽可能地还原：

索南达杰下车后，盗猎者韩忠明（已于1995年被判死刑）、马忠孝、韩阿果三人上前，欲将其制服，已觉察出情况不对的索南达杰扣动了那把54式手枪的扳机，马忠孝被当场击毙，韩阿果被打伤。

受伤的韩阿果一边哭着一边跑回大部队身边：“马忠孝中弹了，你们要开枪啊，赶紧打啊。”

一共11个盗猎者集体发誓：全部要开枪。

“从来没有这样冷，从来没有这样黑。”盗猎者马生华依然清晰地记得那个夜晚，当时他负责打开车灯，定位索南达杰。当车灯打开，二三十米开外仰卧的索南达杰迅即朝他的吉普车开了一枪。

继之而来的刹那，所有的车灯全部熄灭，黑暗中枪声响起，所有的子弹打向索南达杰的方向。十余分钟后，枪声停歇，开枪者未知索南达杰死活，没敢走向他，从此各自逃命。

枪声响起时，靳炎祖和韩伟林挣脱捆绑逃脱。第二天刚亮，当双手冻僵的靳炎祖两个指头捏着一把马刀再回现场时，索南达杰已成冰雕。

一颗价值两毛钱的小口径步枪子弹击中了索南达杰大腿和小腹之间的动脉，血凝结在他的黑色皮裤里。他俯卧在地，双眼圆睁，短须和头发上满是灰尘，右手依然保持着扣动扳机的姿势，只是那把54式手枪已掉在地上。而非像此前所传说的，还紧握手中。

（《南方周末》：《重新发现藏羚羊“守护神”索南达杰》）

1月18日的可可西里，生命与精神的对峙激烈而高尚，生与死的较量却往往不堪一击。很多年之后，我们会缅怀，那个倒下的身躯；我们亦感激，可可西里的重生。

索南达杰去世一年后，其妹夫——时任玉树州人大常委会委员、州人大法制工作委员会副主任的扎巴多杰担任第二任西部工委书记。这个本意为亲戚报仇的神枪手和出色猎人，组织的“野牦牛队”曾声名远扬。1998 年 11 月 8 日，扎巴多杰被一颗子弹近距离地击中头部突然去世，官方认定为自杀，但民间存疑。

可可西里就是这样，总有人跌倒，站立。

在这片曾是藏羚羊、藏野驴和野牦牛的天堂，却在 1980 年代里让淘金者蜂拥而至，砂金资源与可可西里圣洁的秉性原本格格不入。终于，这种违和感在一名叫索南达杰的康巴汉子面前释放了仇恨。在这片土地上，一种信仰欣欣向荣地开始生长。可可西里开始了新的生命——依旧是苍莽的、有着十足野性的呼吸。

之后，中国第一支武装反偷猎队——野牦牛队成立；民间第一个自然保护站——索南达杰保护站成立；不冻泉自然保护站、楚玛尔河自然保护站、五道梁自然保护站和二道沟自然保护站等先后成立。

如今可可西里走过的每一寸土地都是全新的延展，车轮与土地接触时有些初来乍到的生疏感。行进的路上过于一马平川，空旷的高原仿佛是远古深处的日光，永远有着数不尽的历历可见与单调恒温的色彩感，与根枝虬结紧刺苍穹的树木，在成群成群藏羚羊穿越的土地上慢慢温暖起来。

只是有些事情，还是被反复提起反复追忆。那已经不是属于一个人或一个家庭的记忆，它是属于可可西里的肌理：

靳炎祖和韩伟林记得，17 日晚上，索南达杰走到他们面前问：“有没有冻坏脚？”然后便俯身蹲下帮他们脱下鞋来替他们揉脚，生怕二人入睡后冻伤。如是者一夜三次。

扎西多杰记得，最初进入可可西里时，索南达杰身上带着一本书——《工业矿产开发》；后来，他口袋里的书变成了《濒危物种名录》。

2014 年 9 月 13 日，当寰行中国的车队抵达索南达杰保护站的时候，已经入夜。工作人员依然满怀激情地讲述着这个保护站的前世今生。我认真地逐一看完每一块展板，记下了“索南达杰”这个康巴汉子的名字。

索南达杰的妻子多沙才仁记得，索南达杰的遗体 2 月 9 日运回家乡的时候，小儿子杰桑·索南旦正刚满 10 岁。多沙才仁极少说话，她慢慢习惯了丈夫离去后的孤独。她从来没有过抱怨，却会时常念起为这场长达 20 年的悲痛辩解的一句说辞：“索南达杰想做的事就坚定得很。”

20 年过去了，可可西里的气温依旧反复无常，可似乎一切都很平静。那些善与恶的激烈较量、个人与自然的尖锐对抗慢慢有了缓机。时光所沉淀下来的冷峻孤寂，以至于使每一个来这里的人都恍惚相信，在美丽的可可西里上，从来没有过死亡。

其实，生与死，都未曾远离这片土地。

寰行中国
DAY23：那曲－格尔木

“雪域天路”第二日，车队来到格尔木，全程850公里，历经17小时的昼夜驰骋、20℃的垂直温差变化、60分钟的冰雪风暴洗礼、5231米的最高海拔挑战，21辆车勇往直前，临风云突变的气候而进，驭不可预见的路况而行，于星空朗阔之间，携傲抵临。

从那曲出发，沿念青唐古拉山而行，壮阔直上，观临安巨拉山，于风雪骤降之间，翻越唐古拉山，径情直行，横渡“长江正源”沱沱河，浩然而进，穿越隽美的可可西里，尽览秘境极致风情，戴月披星之间，观临索南达杰保护站，最终抵达格尔木。

安巨拉山

驱车观临海拔5170米的安巨拉山，崇山峻岭逶迤磅礴，千岩万壑壮志凌云，属于生命禁区的神圣感，一览无余。穿行于此，如同一次极致的物理挑战，更是一次虔诚的信仰朝圣。

唐古拉山

唐古拉山，藏语意为“高原上的山”，位于青藏高原腹部，西接喀喇昆仑山，东连横断山脉，是青海和西藏的分界线，由于终年风雪交加，素有“风雪仓库”之称。登临海拔5231米的唐古拉山口，寒风凛冽，经幡飘摇，驭车而过，皑皑雪峰银装素裹，甸甸浮云携雨夹冰，风云突变，冰风暴骤降，一念之间，冬夏两季风情尽揽。唐古拉山口是西藏的门户，是沿青藏线进入西藏的必经之地，亦是汉藏文化和谐共生的纽带。

沱沱河

沱沱河，发源于唐古拉山脉主峰各拉丹冬西南侧的姜古迪如冰川，全长346公里，为长江之源。流域内草地无垠，雪峰缭绕，一幅游牧秀丽画卷在河水中潺潺流淌。早在《尚书》中，就有记载有关流域文明之源的探讨，传承千年，延绵不断，华夏文明的孕育发轫，在这里兼收并蓄。雪山巍峨林立，水流纵横流淌，于沱沱河大桥横渡，壮阔豪情一览无余。

可可西里自然保护区

可可西里，藏语意为“美丽的少女”，是一块广袤无垠而又充满传奇色彩的地方，素有“世界第三极”之称，是世界原始生态环境保存最完美的地区之一，也是目前中国建成的面积最大、海拔最高，野生动物资源最为丰富的自然保护区之一。雪山草原雄浑伫立，珍稀动物四处散落，独特的地理区位，决定了可可西里的独一无二。

藏羚羊、藏野驴、藏原羚、赤狐，于国道两侧行走，猎隼、大鵟、红隼、藏雪鸡，于国道上方翱翔，观临于此，被眼前一望无垠的壮美风情，以及一览无余的动物生态，深深震撼。

索南达杰保护站

索南达杰自然保护站，为中国民间第一个自然生态环境保护站。1994 年 1 月 18 日，治多县西部工委书记索南达杰为保护藏羚羊，一人同 18 名偷猎者枪战，英勇牺牲。以“藏羚羊守护者”索南达杰命名的保护站就此建立，它是中国当代动物保护运动的发源地，保护站的建成大大地促进了可可西里藏羚羊保护工作的进程。

昆仑山口

昆仑山素有“万山之宗”的美誉，群山连绵，万仞云霄，观临位于中段的昆仑山口，连绵雪峰皑皑相连，蜿蜒路道银装素裹，于夜色远眺长空，风起云涌，壮阔非凡。

格尔木

格尔木位于青藏高原腹地，自古便是区位枢纽要地。曾是丝绸南道“青海道”对外交流的重要交通线，以其独特的地理坐标，为汉藏等多民族之间的文化交流与传承，提供了区位之便。高原风情，昆仑文化，格尔木有非常多的大美风景以及文化遗产，等待我们去探访。

24| 德令哈，没有海子的“梦”

◤她已不是当年海子笔下的‘雨水中一座荒凉的城’，但戈壁和草原依然存在。人们能改变的只有城市，却改变不了自然。◢

——文化寻访·德令哈

姐姐，今夜我在德令哈，夜色笼罩
姐姐，今夜我只有戈壁
草原尽头我两手空空
悲痛时握不住一颗泪滴
姐姐，今夜我在德令哈
这是雨水中一座荒凉的城
除了那些路过的和居住的
德令哈……今夜
这是唯一的，最后的，抒情。
这是唯一的，最后的，草原。
我把石头还给石头
让胜利的胜利
今夜青稞只属于她自己
一切都在生长
今夜我只有美丽的戈壁　空空
姐姐，今夜我不关心人类，我只想你

这是1988年7月25日，诗人海子路过德令哈，在火车上写下的《日记》。半年后的1989年3月26日，海子卧轨自杀，年仅25岁。

德令哈，因为海子的这首诗，因为孤独、困惑和爱，成为“一生中一定要去的地方”。

德令哈，距离格尔木325公里，有无垠的戈壁、飞翔的鹫、温和的风和连绵的昆仑山峦。这里，曾是古羌人的风水宝地，又是蒙古人、藏人先民们的农牧之地。

2014年9月14日，今夜，我也在德令哈，我在德令哈的街道边不停地漫步着，浮现着“姐姐，今夜我在德令哈”的诗句。

其实，我并不孤独。在傍晚时分，我与两位朋友一起去膜拜了海子诗歌陈列馆。它静静地矗立在巴音河畔，一路冷清，我在大门紧闭的纪念馆徘徊着，没有遇到为海子而来的人群。这是一座熟悉的徽派建筑，或许因为海子是安徽怀宁人，可是怀宁却不是徽派建筑的家乡。

海子出生的村庄，离我的家乡并不远，只是隔了一条长江，但是为海子建这样一个真诚的纪念馆，我要向德令哈致敬。虽然，这个时代对诗歌的异化已经无所不在。当“面朝大海，春暖花开”出现在楼盘的广告里，当余秀华的《穿过大半个中国去睡你》被庸俗化地刷在朋友圈，诗歌成了角逐和狂欢的工具。

当我们纪念海子的时候，房地产商是否应该为海子的身后事鼓而呼？房地产商是否该为海子建一座纪念馆，作为文案策划的回报？2010年前后，中国的楼盘广告上，海子的诗句“面朝大海，春暖花开”刷遍了中国的中小城市。对一种意境的臆想，激发了无数中国人的买房梦想，更刺激了沿海城市海景房的需求。

还是回到德令哈，还是别惊扰了我的梦。我庆幸在这个青藏高原留步，让我做一回文艺男女，在德令哈遇见海子。

在德令哈，我并不知道，海子50岁；那天，我也不知道，海子去过拉萨。从拉萨归来的我，熟悉了青稞、戈壁、草原和夜色，也熟悉了孩子、温习了诗歌。

“姐姐，今夜我不关心人类，我只想你。”26年后，姐姐韶华易老，往事只化作诗歌，随风飘散。有人说，海子当年最依恋的姐姐P，有丈夫和海子，因为各种原因不得不远离海子，而海子只身万里西行，来到P的老家德令哈农场希望见到姐姐，可P却人在北京……所以，在德令哈，请不要去寻觅爱人，去思念吧，用海子的诗歌，选择骑行、自驾，抑或与呼啸的火车一起，将爱释放在这“雨水中一座荒凉的城”。

诗人西川说：1989年3月26日黄昏，我们失去了一位多么珍贵的朋友。

失去一位真正的朋友意味着失去一个伟大的灵感，失去一个梦。

如今，德令哈拾起了一座城市与诗歌的梦。我敬佩于这个戈壁小城以最大的努力向海子致敬，纪念这位全力冲击文学与生命极限的诗人。

你可以嘲笑一个皇帝的富有，但你却不能嘲笑一个诗人的贫穷。同样，你可以嘲笑一个城市的繁华，但你却不能嘲笑一个城市的偏远。

如今的德令哈，已不是当年海子笔下的“雨水中一座荒凉的城”，但戈壁和草原依然存在，人们能改变的只有城市，却改变不了自然。

我沿着“雪域天路”，从格尔木启程，沿柳格高速一路驰骋，在中国最大的盐湖察尔汗盐湖的盆地奇观万丈盐桥稍作停留，一路饱尝了祁连山脉的景色，这 325 公里的里程，比起青藏公路，轻松许多。

在抵达德令哈的途中遇到了一个景观——“外星人遗址”。度娘告诉我：柴达木首府德令哈市西南 40 多公里的白公山有个 UFO 的标记，这就是传说中的德令哈外星人遗址，沿 315 国道敦煌方向，约 40 公里。远远望去，高出地面五六十米黄灰色山崖有如一座金字塔。在山的正面有三个明显的三角形岩洞，中间一个最大，离地面 2 米多高，洞深约 6 米，最高处近 8 米。

“外星人遗址”让人忍俊不禁，与海子一样，这个 10 万人的小城不希望被人遗忘在高原边陲，现代文明的故事成为他们攀附的对象，而“雪山”、“草原”、“大漠”、“旷野”，只是向往，却承载不了希望。

夜晚，在德令哈的市区漫步，仿佛置身于戈壁中一座孤独的城，除了荒山就是荒凉，人烟稀少，仿佛高原中点缀的灯光。在德令哈，处处是蒙古族人，穿着民族服装的儿童，迎面走来，也不失英姿飒爽之气。夜幕下，三三两两的行人，不紧不慢，连出租车也难以搭乘。

今夜，我在德令哈，有梦；德令哈，以梦为马！

今夜，我在北京，“风后面是风，天空上面是天空，道路前面还是道路”，只是，并没有海子的梦。

2014 年 9 月 14 日初稿于德令哈，2014 年 10 月 15 日夜于北京

寰行中国
DAY24：格尔木－德令哈

“雪域天路”第三日，格尔木－德令哈。全程325公里，从格尔木启程，沿柳格高速驰骋，观临中国最大盐湖察尔汗盐湖，尽赏盆地奇观万丈盐桥，傲然前行，揽景祁连山脉，最终抵达德令哈。

察尔汗盐湖

察尔汗盐湖，位于柴达木盆地心脏地带，是中国最大的盐湖，亦是世界最大天然盐湖之一。水天一色，总面积达5856平方公里，格尔木河、素棱果勒河等十多条内陆河注入其内。境内地势平坦，荒漠无边，独特的地理气候使得年降水量极为有限，在大量水分蒸发流失之后，便形成了深厚的盐层。据当地人民介绍，“盐层最厚处达60米左右，储盐量达20多亿吨”，甚至途径于此的青藏公路与青藏铁路的路基，都是用盐铺成的。最大盐湖的魅力，可见一斑。观临察尔汗盐湖，湖面如镜，碧波壮阔，境内一片寂静，如同置身圣域。

万丈盐桥

察尔汗盐湖上那条平坦如镜的宽阔大道，便是著名的万丈盐桥。全长32公里，揽奇无垠，它没有桥墩，也没有护栏。平整光滑，坦荡如砥，远眺就如一条银河，于广袤湖心浩骋而过。万丈盐桥的结构，极为考究，从上至下分别为：细砂层、盐壳、卤水层、粗粒石盐层、细粒石盐层、黑色泥沙层、卤水层、细砂石盐层，以及页岩层，具有承载力强、维修方便等优点。观临于此，无不被眼前这座飞跨瀚海的神奇之桥所吸引。

祁连山脉

一路前行，揽景柴达木盆地北缘，尽赏祁连山脉壮阔之势。祁连山素有“天山”之意，境内矿藏丰沛，物种繁多，驱车远眺，茫茫大地、坚岩参天，一派雄奇浩瀚之景，尽收眼底。

德令哈

“德令哈”是蒙古语，意为“金色的世界”，为海西东部经济文化中心。以蒙、藏为主的19个民族在这里生活发展，丰富独特的民俗、文化风情，于此积厚流光兼收并蓄。缓缓穿行于德令哈，如同开掘一座宝藏，深厚的历史文化资源，丰沛的多元文化共融，俯拾皆是。蒙古族“那达慕”、英雄史诗“汗青格乐”等民族文化，无比磅礴旺盛，而“南丝绸之路”的辅道文化和吐蕃吐谷浑文化，更是源远流长恒久不衰。除此之外，还有柏树山、黑石山水库、外星人遗址、怀头他拉岩画等名胜宝地，如诗歌一般，叫人向往。

海子诗歌陈列馆

“今夜我在德令哈，姐姐，今夜我不关心人类，我只想你。”

27年前诗人海子游吟青藏高原途径德令哈时，写下了这首诗篇《姐姐，今夜我在德令哈》，情深之至，令人魂断。驭临德令哈，终于知道这句诗的沉重。海子诗歌陈列馆依巴音河而建，飞檐翘角，古色古香，馆内陈列了各种版本的海子诗集，以及相关的资料图片。撷一两句诗歌而读，如沐春风，尤其是那首《西藏》，于寰行中国一行更是感触非凡。“一块孤独的石头坐满整个天空，没有任何夜晚能使我沉睡，没有任何黎明能使我醒来，一块孤独的石头坐满整个天空。”

25| 青海湖不远，请点燃爱情

曾一度从别人的口中听说你的美丽，现在我到来你身边，静默与你相拥。

——文化寻访·青海湖

青海湖不远，它就在日月山的脚下，在倒淌河的眼里，在湖里木沟岩和舍卜吉岩的画里，在茶卡寺的香火里，在伏埃古城和北向阳古城的记忆里，在鸟岛的心里。

青海湖不远，它在海子的诗歌里，浸润情感：

七月不远

——给青海湖， 请熄灭我的爱情

七月不远
性别的诞生不远
爱情不远——马鼻子下
湖泊含盐

因此青海湖不远
湖畔一捆捆蜂箱
使我显得凄凄迷人
青草开满鲜花

青海湖上
我的孤独如天堂的马匹
（因此，天堂的马匹不远）

我就是那个情种：诗中吟唱的野花
天堂的马肚子里唯一含毒的野花
（青海湖，请熄灭我的爱情！）

野花青梗不远 医箱内古老姓氏不远
（其他的浪子，治好了疾病
已回原籍，我这就想去见你们）

因此爬山涉水死亡不远
骨骼挂遍我身体
如同蓝色水上的树枝

啊！青海湖，暮色苍茫的水面
一切如在眼前！

只有五月生命的鸟群早已飞去
只有饮我宝石的头一只鸟早已飞去
只剩下青海湖，这宝石的尸体
暮色苍茫的水面

这首《七月不远》的副标题是“给青海湖，请熄灭我的爱情”。其实海子隐晦地向我们讲述了关于青海湖成因的神话传说，由于埋藏太深，一般读者不易察觉。雪山女神“帕尔瓦蒂”亦称“喜马拉雅之女”。

传说，这位女神爱上了在雪山修苦行的湿婆。天神之王因陀罗就派爱神去诱惑湿婆爱上雪山女神，不料却被湿婆识破计策。欲火烧身的雪山女神，只好纵身跳入青海湖洗涮痛苦与耻辱。却不想把湖水给烧干，从雪山女神身体的毛孔中涌出的汗水，很快又漫成一个更大的青海湖。于是，雪山女神使得青海湖一天比一天变得更咸涩晶莹，更汹涌澎湃。诗人海子一如雪山女神那样，因用情太深而痛苦无奈，只有向青海湖求救，请熄灭自己的爱情。

生活之于每一个人，永远都是一出人来人往的情景剧。有人进来，有人离开；有人再见，有人不见。但爱情之于海子，仿佛从来是避而不谈、讳莫如深的奢侈品。那些在他诗歌中谜一般的A、B、P、H、T等字母背后的女子，到底与诗人有着怎样的悲情欢喜已被岁月风干，面目全非。只是那些句句滴血的文字已经深深烙印在厚重的 80 年代，如同在荒木上爬满的一树繁花，悲凉地使人落泪。

青海湖，如果那时，你熄灭海子的爱情，会不会又是另一种结局？在你之上，他的孤独如同天堂的马匹，马肚子里有含毒的野花。请赐予他医箱内古老姓氏，让他从此远离爬山涉水的死亡，或许他便不会从青海湖走到了日喀则，又从日喀则走到山海关。青海湖，如果你预料到宿命中那些不可抗拒的悲剧，会不会在日升月落的昼夜里，为这个孤独的诗人在 3000 米之上的风中，夜夜祈祷，只为一个单纯至情、澄澈善良的灵魂。

青海湖不远。它在层层叠叠的历史深处，睁开了如松宝石般的眼睛。

带着绸缎、陶器、典籍、医药和经简的文成公主从长安跋涉而来。她行走了多少平原、草原和山地已经不得而知。只是越行进，心情便越加悲凉。忘记曾经的夜夜笙歌和琼浆玉露实属强求。记忆如同一根脆弱的神经，触景生情总会产生强烈的阵痛感。从刺绣手帕里取出的“日月宝镜”，里面有父亲母亲的面容，有长安熙熙攘攘的繁华。只不过那是她再也回不去的曾经。面对命运或许只能俯首称臣，继续行进。文成公主确实是个知性的女子，使命如同深夜里的月光，不断冲洗着留恋与情感。扔掉宝镜的那一刻，我相信她不会坚强到忍住眼泪。再从容的女子也不会情感淡漠，表面的克制只是情感的另一种诠释和定义。

历史不会忘记这位公主的眼泪，于是俯身，把那些委屈与思念都盛在青海湖里；碎掉的宝镜堆积成了日月山，守望着倒淌河里的那些悲伤，缄默肃静。

可是她不曾想到，前途并非如青海湖般柔和以待。宿命是个奇怪的东西，愈过敬畏与虔诚便愈要面对南辕北辙的现实。唐蕃联姻的幸与不幸，并不是史学家的一厢情愿和盖棺定论。大小昭寺的尊卑分明和尊像摆放的左右有别，有多少故事被掩盖在盛赞之词下，公主的凄苦被政治附属成了虚假与繁华，如同苍老铸锈的钟摆，再也不能弹唱岁月，欢愉饱满。

她在遥远的番邦生活了 40 年，却守了 31 年的寡，嫁给松赞干布 9 年，却只有 3 年产生交集，大部分的时间被冷落遗忘，后世史书中热闹的日子实属对她的讽刺。那些与尺尊公主曾交涉的往事，是否属实已不重要。因为命运中任何外在的冷暖人情都比不上一个人的内心孤独来得更为刻骨铭心。

青海湖不远，每年数以万计的候鸟迁徙于此。在这片本来静谧的山水之间，突然就热热闹闹地充满生机。真的是人间天堂，忘却世俗，忘却语言，只有浓墨重彩的精致山水，和简单的快乐相聚。在黑马河与鸟岛的环湖西路上，几乎每天都能看到“暴走”的驴友。在那段大片大片金黄的油菜花和群鸟低飞的路上，如同行走在梦境之中，谁的感动不被穿堂而过的风呼啸而归，安宁地存放在雪山之上，蓝天之下，酝酿时光。

青海湖不远，它在等着所有善良慈悲的灵魂，一起在时光呼啸的昼夜里，相拥取暖。

寰行中国
DAY25：德令哈 - 青海湖

“雪域天路”第四日，德令哈－青海湖。全程353公里，从德令哈出发，沿察德高速而行，途径大美尕海湖，浩瀚而驰，尽揽“天空之境”茶卡盐湖之美，于皑皑盐海之中，纵情体验采盐工艺，一路观驭，最终抵达壮阔无垠的青海湖。

尕海湖

尕海湖，位于青藏高原东部，是甘南第一大淡水湖，素有“高原明珠”的美誉。这里水草丰茂，碧波万顷，俯瞰如同一弯浩渺仙境，观临于此，空中有飞鸟翱翔，湖中有游鱼晓跃，纵情远眺，天人合一，心旷神怡。

茶卡盐湖

茶卡盐湖，总面积154平方公里，相当于10个西湖一样大。与塔尔寺、青海湖、孟达天池共称为“青海四大景”，也是国家地理标榜的“人一生必去的55个地方”之一。“茶卡”藏语意为盐池，是历史上商贾进藏的必经之地，被誉为柴达木东大门。茶卡盐湖，时而碧波荡漾，时而平静如镜，风光无比优美。湖水含盐量之大，更是举世闻名，沉淀之晶，会自然形成一片白色的湖面，仿若“天空之境”。

盐湖文化历史悠久，底蕴深厚，境内有全球最大的户外盐雕艺术群，伫有“成吉思汗”、“炎黄二帝”、“牛郎织女”、“茶卡之歌”、“盐工风采”等多座大型盐雕，其中“一代天骄—成吉思汗”长50米、宽30米、高8米，耗盐4800吨。

揽尽盐雕风情之后，寰行中国队员，于3059米的海拔高度，驭盐湖而行，来到皑皑无垠的制盐场，纵情体验传统制盐工艺。抡起袖管，拿起工具，在老师傅的言传身教下，探寻、开掘、滤捞，最终收获属于自己的天然结晶盐。

青海南山

青海南山，藏语意为“金色的大山”，是青海湖与茶卡湖盆地的分水岭。山势陡峭，逶迤绵绵，直入云霄，登临于此可一览青海湖的广袤无垠。

青海湖

青海湖，藏语意为“青色的海”，总面积4456平方公里，是中国最大的内陆湖，也是中国最大的咸水湖。这里草原与大海相融一气，浩瀚天空，瑰丽湖面，在巍巍远山之间海天一色。寰行青海湖畔，茫茫草原一望无垠，只见成群结队的牛羊，星罗棋布的帐篷，以及高耸入云的青山，而另一边则是浩瀚朗阔的广袤湖面，波光潋滟、雪山倒映、鱼群欢跃、万鸟翱翔，纵情远眺，一组美不胜收的壮阔画卷，尽收眼底。

26| 西宁：西海屏风日月山

◤她被称为“西海锁钥”，也被称为“海藏咽喉”，在我心中，她是青藏高原璀璨的一颗明珠。◢

——文化寻访·西宁

寰行中国
|DAY26：青海湖－西宁

“雪域天路”第五日，青海湖－西宁。全程149公里，朝夕而发，环青海湖而行，于骤雨之中，揽景二郎剑，蜿蜒而上，观临南山，尽赏青海湖全景，径情直行，穿越“西海屏风”日月山，最终抵达青藏高原的东方门户西宁。

环青海湖

绕青海湖进行采风，海天一色的瑰丽风景，一览无余。广袤无垠的草原，波光潋滟的湖色，在相机的感光元件上，自动铺绘成一幅壮阔画卷。

二郎剑

二郎剑，藏人称之为“海虎”，位于青海湖东南岸，长约25公里，自南向北没入海中，形似一把长剑。由于其特殊的地理区位，置身其上，蜿蜒深入，可融于青海湖的大美壮阔之中，在湖面涟漪迭起的瞬间，悉数蔚为壮阔之色。

登青海南山

逶迤盘旋，迎风而上，登临青海南山，广袤无垠的青海湖，尽收眼底。无边的碧波，无边的蓝天，于皑皑远方，连于一线天。于青海南山之巅纵情远眺，强者胸怀，尽显无疑。

日月山

日月山，平均海拔4000米，自古便是一条非常重要的地理分界线，有“西海屏风”之称。观临日月山，东麓阡陌良田，蜿蜒湟水，极尽高原江南的丰腴，西麓辽阔草原，大美山湖，尽揽高原雄阔之景。正如故人所说，“登上日月山，又是 重天”。

西　宁

西宁，青藏高原的东方门户，是古代“丝绸之路”南路和“唐蕃古道”的必经之地。这座有着2100多年历史的高原古城，人文底蕴丰厚，历史传承璀璨，自古便是高原文化的中心，素有“海藏咽喉”之称。这里多民族聚集、多宗教并存、多文化并容，回、藏、蒙古、壮等民族于此，坚守信仰与风俗的和而不同，共飨香火，大容文化。作为黄河流域文化的重要组成板块，西宁有着独一无二的厚重与沧桑。

耗时五天，全程将近2115公里，“寰行中国”别克·中国文化之旅车队观抵西宁这座众神共居的天堂。一念心清净，莲花处处开，一花一净土，一土一如来。在距离西宁25公里处，中国六大藏传佛教寺院之一的塔尔寺，等待我们的朝圣。

27| 塔尔寺：信仰是宿醉一场

品味着亲手做出的酥油花，感悟活佛话语里的人生。

——文化寻访・塔尔寺

9月，我在青海，寻找着信仰的阳光。

如果在青海寻找一个最入世的信仰之地，几乎所有人都会说塔尔寺。

塔尔寺绝对不是单调的地方，大经寺、文殊殿、因明学院、达赖遍知殿、贤康、达赖宝座室、时轮大塔、大拉让、小金瓦寺、祈寿殿，这些沉默的建筑每天接待着成千上万奔赴而来的游客，以及春夏秋冬千篇一律的时节。寺中回廊的木地板上留下磕等身长头磨出的深深凹痕。面带沧桑的藏族人虔诚地一面转动着祈愿轮，一面反复不停地念诵六字真言："唵——嘛呢叭咪吽"。每一种祈愿的语言向来都印刻着善良与淳朴的注脚。屋内袅绕的香火、烛台上的蜡炬、颂赞声、钟鼓声、法螺声，都是与尘世最鲜明的决裂书。

越是拒绝越难决裂。2014年9月17日，在通向塔尔寺的上山路上，两旁是林立的商店，卖着香烛、藏刀、银饰，卖着各种品质不一的工艺品，游商走卒和纸醉金迷混杂其中。而在两年前的2012年7月4日，我首次来到塔尔寺，那时的塔尔寺还不至于被游商贴身逼问，不至于让商贩拥挤了道路，更不至于任由导游们程序单一地急促解说着。

任何的奔赴与企求都带有内心的欲望。

在这个浮躁而功利的年代里，庄子的"心斋"与"坐忘"已经是无效的宣判，任何对生死、寿夭、贵贱、毁誉、得失的辩解与倾斜都带着虚妄的本质。汲汲于生，汲汲于死，这种庸常的生活状态已经成为最心安理得的面具。如今，我带着这种庸常的残余，虚妄的寻找信仰，寻找生命的另一种可能。

信众和游人慕宗喀巴大师的诞生地而来。

在名为莲花的山坳里，诞生了藏传佛教格鲁派创始人宗喀巴大师。1357年，在此尊者脐血滴落处，生出一株白旃檀树（即菩提树），根深枝繁，其上长有大约十万个叶子，每片叶子上自然出现一尊狮子吼佛形象，树叶上也出现许多天然身像以及字迹等，故名"衮多"（意为十万身像）。信众以菩提树为中心，建起一座镶嵌各种珍宝的银壳神变大灵塔，来纪念大师的诞生。经过几百年的重修与扩建，已是“瓦皆鎏金、宏敞壮丽，为诸寺之冠”。如同神灯一般，在半山坡上默许着任何执念。纽舒仁波切说：“深广而宁静，单纯而不复杂，纯净灿烂光明，超越思议的心；这是诸佛的心。其中无一物应消除，无一物应增添，它只是自然洁净地看着自己。”或许，菩提树的枝叶便是信仰的一种引导。

作为格鲁派六大寺庙之一，塔尔寺是中国西北部的宗教活动中心，因先有塔，后有寺，得名塔尔寺。从清康熙以来，朝廷向塔尔寺多次赐赠，有匾额、法器、佛像、经卷、佛塔等。该寺的阿嘉、赛赤、拉科、色多、香萨、西纳、却西等活佛系统，清时被封为呼图克图或诺们汗。其中，阿嘉、赛赤、拉科为驻京呼图克图，有的还当过北京雍和宫和山西五台山的掌印喇嘛。由是，塔尔寺声势日隆。

在寰行中国团队的协调下，我有幸在塔尔寺大活佛赛赤·确吉洛智嘉措家参观。赛赤·确吉洛智嘉措兼任青海省佛教协会会长，是九世赛赤呼图克图活佛。赛赤活佛转世系统，至今共有九世，是从赛赤呼图克图可以追任到古印度的佛陀弟子和其他圣者。这套四合院式的建筑，依山而建，闹中取静，特别适合清修。

在赛赤·确吉洛智嘉措的庭院里，阳光普照，喇嘛教授制作金刚结。金刚结是一种护身符，是诸佛神众做的授记，用来与佛结缘。相传，如果自己有功能，编的金刚结亦有功能，有护法及力量，在打结时持咒以咒力吹入结内，便可将力量封存其中。“佛法兴盛，心愿成就，一切圆满如意。”金刚结看似简单，制作起来还是难住了笨拙的我。而在学习制作的过程中，我又没能心平如一。

塔尔寺的脉搏里有着蓬勃生机的原始与文明，似乎在于艺术的欣欣向荣。酥油花、壁画和堆绣并称艺术三绝。酥油花，是用酥油作原料，配上各色颜料，制作成的一种特殊形式的雕塑艺术，被称为“虔诚的油塑艺术”。一架酥油花，人物、走兽、亭台楼阁、菩萨金刚等等无所不有，色彩缤纷，浑然一体。塔尔寺壁画属藏传佛教画系，被称为“墙上的彩色花布”。内容主要以佛经故事和密宗经典为主，画面构思巧妙，格局大气，色彩浓厚，层次分明，壁画上的人物、

花草、树木、蓝天、大地、亭台、楼阁，千姿百态。堆绣，是唐卡的一种，被称为“堆与绣的浮雕艺术”，以佛经故事为主要题材，在各种绸缎上用各色布块拼贴、堆砌大小佛像、花卉，并塞以软质填充物使其鼓起，置于光下，宛若浮雕。

艺术的灵气与佛家的清净在这里淋漓尽致的融合与重塑。紫檀香案上供奉着艳丽精致的酥油花、斑驳迷离的唐卡画、繁复奇绝的堆绣，与垂目含笑的佛祖就这样融洽的共处一室。手工打磨与虔诚诵经都已经把情感慢慢酝酿，在时光里行进的极为缓慢。

而黄教徒所跳的舞蹈则是最野性的表达，骷髅舞、四鹿舞、死神舞、大合舞，诡异而令人敬畏。舞蹈从来都是身体与灵魂最奇妙而完美的合体，它比文字更有说服力，更能穿透时间与人群。

佛陀说：“我们的存在就像秋天的云那么短暂，看着众生的生死就像看着舞步，生命时光就像空中闪电，就像急流冲下山脊，匆匆滑逝。”

那生命如此短暂，我们却为何要在尘世里身不由己？

每一个生命的存在都是世间最大的慈悲。生命本是一种最澄澈的状态，却被社会多多少少的重塑成原来并不属于我们的形状，身不由己。名利与权势，仿佛深渊一般，让人身陷囹圄。这不过只是归属感的一种诉求，却被疯狂地触角不断膨胀与延展，最终南辕北辙。

就像万能青年旅店用沧桑的声音唱出的：“是谁来自山川湖海，却囿于昼夜、厨房与爱？”——我们因为时光，现实和在乎的人而选择不自由，最终迷失了自己，兵荒马乱。

我希望每一个人记起我们最原始的姿态，记起善良，记起信仰，记起自由的心。

空气里有湿润的高原气息，以及烘烤羊肉的膻味儿、热烘烘的酥油味道。那些五彩斑斓的藏族挂饰、氆氇、夯实的土坯墙、玛尼堆、经幡、转经筒、奶酪、糌粑、酥油灯、青稞酒，无论哪一种符号都向人们昭示着藏地文化的独一无二，从远古深处的古茧中溢出得每一种味道，萌动得每一笔色彩，都是文化最直白的诉说与表达。

9月，我在青海，寻找着信仰的日光。

寰行中国
|DAY27: 朝圣塔尔寺

“雪域天路”第六日。探访西宁，朝圣塔尔寺。怀揣一颗虔诚的心，沐于这座众神共居的天堂，心神合一，超尘脱俗，驱车 25 公里来到塔尔寺，尽赏佛教古刹之厚重，虔敬而行，藏族文化的发展与传承尽收眼底，置身殿内，艺术三杰酥油花、壁画和堆绣的魅力览阅于心，并与美国国家地理频道进行互动体验，制作金刚结，开启内在的般若智慧。

塔尔寺

塔尔寺是藏传佛教格鲁派六大寺院之一,素有"十万狮子吼佛像的弥勒寺"之称,寺内殿宇高低错落,红墙金顶,白塔屹立,汉藏艺术风格融合的意蕴尽显无疑,置身于此,如置八瓣莲花的正中央,神圣之至。一路缓行,仰抵大金瓦寺、大经堂、弥勒殿、九间殿等佛家圣地,揽尽鎏金铜佛像、金书藏经、木刻板藏经、法器等文物之韵,于潜心祈愿之间,超然象外。

塔尔寺先有塔,而后有寺,为纪念达赖一世和班禅一世的老师、"第二佛陀"宗喀巴大师而建,是藏传佛教的主要活动中心之一。相传当初,宗喀巴大师为佛教事业离家赴藏,与家人天隔两地,苦于思念之心,捎去一封信,"若能在我出生地点用 10 万狮子吼佛像和菩提树为胎藏,修建一座佛塔,就如同我见面一样。"

后其母与众信徒按意,建成一座莲聚塔,经年之后,又在塔旁建了一座弥勒殿,交相辉映,气势壮观,塔尔寺从此孕育而生,显赫千年。

塔尔寺艺术三绝

塔尔寺艺术三绝酥油花、壁画和堆绣,是世代相传的艺术佳作,也是藏族艺术文化的精华,静观寺内,无不被其独特的魅力,以及高超的技艺所震撼。

酥油花,是用酥油作原料,配上各色颜料,制作成的一种特殊形式的雕塑艺术,被称为"虔诚的油塑艺术"。一架酥油花,人物、走兽、亭台楼阁、菩萨金刚等等无所不有,色彩缤纷,浑然一体,鬼斧神工的技艺令人赞叹不已。

塔尔寺壁画属藏传佛教画系,被称为"墙上的彩色花布"。内容主要以佛经故事和密宗经典为主,画面构思巧妙,格局大气,色彩浓厚,层次分明,壁画上的人物、花草、树木、蓝天、大地、亭台、楼阁,无不千姿百态,栩栩如生。

堆绣,是唐卡的一种,被称为"堆与绣的浮雕艺术"。以佛经故事为主要题材,在各种绸缎上用各色布块拼贴、堆砌大小佛像、花卉,并塞以软质填充物使其鼓起,置于光下,宛若浮雕,艺术造诣无可比拟。

金刚结

金刚结是一种护身符,是诸佛神众做的授记,用来与佛结缘。相传,如果自己有功能,编的金刚结亦有功能,有护法及力量,在打结时持咒以咒力吹入结内,便可将力量封存其中。"佛法兴盛,心愿成就,一切圆满如意。"

在互动环节,一行来到赛赤活佛的家,顶礼朝拜,并与美国国家地理频道一起制作金刚结,以求平安如意。置身殿内,心诚之至,在高僧的言传身教下,探寻、上手、成结,最终收获属于自己的金刚结。一念心清净,莲花处处开,一花一净土,一土一如来。

至此,"寰行中国"别克·中国文化之旅,第四条线走到了终点,和而不同,多元包容,是"雪域天路"线传达给我们的精神,拉萨、那曲、格尔木、青海湖,以及西宁,青藏线上的行走与丈量,让我们对中国本土文化中的多元化与异质化文化之间和而不同的状态,有了一个全面透彻的体会。

2014"寰行中国"别克·中国文化之旅,9 月 23 日再次启程,踏上"梦回西域"的文化旅途,从西宁到西安一起探访"大同"精神。

西宁
西安

第五部

梦回西域

「文化精髓：大同」

28 | 互助土族自治县：河湟谷地的花儿与少年

平淡无奇的城市，是一面平静的湖水。轻轻淹没期求。

——文化寻访·互助土族自治县

在青海，青甘地区的河湟文化第一次进入了我的视野。

2014 年 9 月 22 日，我在位于西宁的青海民族大学，学习了一个历史地理名词“河湟”，即今青海省和甘肃省境内的黄河和湟水流域，唐时是唐与吐蕃的边境地带。湟水是黄河上游支流，源出青海东部，流经西宁，至甘肃兰州市西汇入黄河。《唐书·吐蕃传》记载：“世举谓西戎地曰河湟。”河湟先民们亦耕则耕，亦牧则牧，很多地区耕牧相间。一般认为，青海河湟地区的羌族是土著与外迁苗民共同生活最后形成的。羌人是最大的输出性部落，藏人和汉人都有羌人后裔；汉人是最大吸纳型民族，无需解释。河湟地区虽然羌藏文明、汉文明、伊斯兰文明、蒙古文明交汇，但河湟文化、西域文化的主体却是伊斯兰文明。而黄河沿岸的河湟文化与河套文化、中原文化、齐鲁文化各具内涵。“如果说河套文化以草原文化走廊即游牧之路的文化内容为主；中原文化以农耕文化走廊即丝绸之路的文化内容为主；齐鲁文化以海陆文化即蓬莱神话的文化内容为主，那么，河湟文化则将草原文化和农耕文化两大走廊的文化内容兼而有之。”

在河湟谷地的高速上，我想起了同样在此游历的故乡诗人张乔所写的唐诗《河湟旧卒》：“少年随将讨河湟，头白时清返故乡。十万汉军零落尽，独吹边曲向残阳。”不难形象，1100 多年前的唐王朝在此与吐蕃有着近百年间的频发战争。少小从军，及老始归，而园庐蒿藜，身陷穷独之境。从“少年”到“头白”，多少年的殷切盼望，俱成泡影。

河湟谷地是黄河与湟水流域肥沃的三角地带，位于青海省东部农业区，由东往西依次为湟水流域的民和县、乐都县、平安县、互助县、西宁市、大通县、湟中县、湟源县、海晏县，及黄河流域的循化县、化隆县、尖扎县、贵德县。这里山川相间，地貌奇特。在历史上，羌人游弋，匈奴逐鹿，吐蕃争雄，如今只剩得土族等安然于斯。

土族聚居在青海省。在互助土族中，广泛流传着祖先来自蒙古人，以及成吉思汗属将格日利特(格热台)率部留驻今互助县一带，以后与当地霍尔人通婚，逐渐繁衍而成土族的传说。9 月 23 日，当我来到互助土族自治县的时候，终于近距离感受到这个唱着“花儿”，爱喝青稞酒的土族人。互助土族有句俗话说：“客来了，福来了”。宴席上，一般情况下主人要和客人喝三杯酒。客人到主人门前时主人敬三杯酒，叫作“临门三杯酒”；客人坐在炕上主人敬三杯酒，叫作“上马三杯酒”；开宴后，主人再敬客人三杯酒。我接受了他们的青稞酒，虽然度数不高，但是闻到了粮食的味道。

土族少女列队唱花儿敬酒迎客。“花儿”既称山歌，也称“少年”，土语称“外面唱的歌”（不能在家里唱）。土族人的服饰华丽多彩，特别是姑娘的花袖衫，好像天上的彩虹。黑色代表土地，红色代表太阳，绿色代表稼禾，蓝色代表天空。这种独特的色彩服饰的象征，在我国众多的民族中是少见的。

20 多万的土族是高原民族，在青海繁衍，似藏似汉又似蒙，过春节元宵节不过中秋节。重礼仪，不能同未婚姑娘开玩笑。

2014 年 9 月 22 日写于青海互助土族自治县、10 月 18 日写于天津武清

寰行中国
DAY28：西宁 - 武威

“梦回西域”第一日，西宁 - 武威。全程 484 公里，朝夕而发，沿兰西高速一路驰骋，观抵“彩虹故乡”互助，探访土族民俗文化展览馆，闻香青稞酩馏酒大作坊，于芳香曼妙之间，一览西北民谣花儿之魅，驭驰乌鞘岭、火焰山，最终抵达武威。

互助

离开西宁，驱车观抵“彩虹故乡”互助，风景大美。互助，位于祁连山脉达坂山板块，是全国唯一的土族自治县。车队缓缓而过，土族人独有的文化传统、风情世俗、生活方式，于悠扬的风中一览无余。互助也是一个多民族、多文化共融的地方，山峦叠嶂，云卷云舒，汉、土、藏、回等 12 个民族于此传承发展，延绵千年，璀璨厚重。

土族民俗文化展览馆

探访土族民俗文化展览馆，如同开启了一扇历史大门，长达 5000 年的悠远文明史，

纷至沓来。土族民俗文化展览馆向我们集中展示了土族的历史、民俗、宗教等文化篇章，“土族是青藏高原古老的民族之一，在长期的发展过程当中，土族人形成了自己独特的文化传统、风俗习惯，并以淳朴、善良、好客闻名远近”，在馆内的影像、文字、典藏品之中，这些土族鲜明厚重的特质，一览无余。由上至下，闻香青稞酩馏酒地下酒窖，青藏高原独有的青稞文化，意蕴全开，“开坛十里游人醉，驮酒千里一路香”的魅力，肆意而来。

花　儿

花儿是大西北广袤无垠的大地上各民族共有的精神财富，被誉为大西北之魂，是国家级人类非物质文化遗产。历史悠久，曲令众多，艺术特色鲜明，并极具民族和地方特色，在形式上，音乐绚丽多彩，艺术内涵博大精深，是人民表达对生活、爱情、理想的追求的不二载体。在这片土地上，各种形式、各个层面的群众性花儿演唱活动随处可见，不分季节，不分时段，三五成群，蔚然成风。或边饮美酒边赛歌，或歌声嘹亮此起彼伏，白云悠悠而上，歌声传遍四野，气氛热烈至极。在纳顿庄园听当地艺术家唱上两曲，无不被其高亢悠扬，委婉动听的格调所吸引，并在闻音起舞之间，一览了包括青年男女、盛年男女、婚衣在内的各种土族服饰，可谓眼花缭乱斑斓荟萃。

土族民俗文化互动一曲唱罢，在互动环节，唱花儿、说土族话、跳土族舞，纵情体验了一把土族文化的心弦。

武　威

武威，古称凉州，是丝绸之路进入河西走廊的东大门，古与酒泉郡、敦煌郡、张掖郡合称“河西四郡”。地处黄土、青藏、蒙新三大高原汇合地带，历史悠久，文明古老，有着丰沛的文化积蕴与传承。星夜观临于此，古凉州城门巍然耸立，虔诚缓行，历史于风中如梭，厚重磅礴，璀璨朗阔，雄奇豪迈之情油然而生。

29| 武威：“故事”终归是凉州

相逢的路有很多种，可实地寻访，可掩卷幽思，但却不能发前人所未发。因为，武威的背后，是凉州。

——文化寻访·武威

据称，有日本汉学家说：欲了解敦煌学，需了解凉州；欲了解丝绸之路，需了解凉州。欲了解中国，需了解凉州。

凉州，即武威。

2014 年 9 月 23 日，从凉州城门下穿过，终于到了耳熟能详的“丝绸之路”要冲，进入了与张掖郡、酒泉郡、敦煌郡并列河西四郡的武威。寰行中国的车队一路轻驰，仿佛担心触碰了这个古老城池的沉睡灵魂。

而我，西域的《凉州词》曲调犹有在耳，一番默念：

黄河远上白云间，一片孤城万仞山。
羌笛何须怨杨柳，春风不度玉门关。

——【唐】王之涣《凉州词》

葡萄美酒夜光杯，欲饮琵琶马上催。
醉卧沙场君莫笑，古来征战几人回？

——【唐】王翰《凉州词》

边城暮雨雁飞低，芦笋初生渐欲齐。
无数铃声遥过碛，应驮白练到安西。

——【唐】张籍《凉州词》

“凉州词”是凉州歌的唱词，是盛唐时流行的一种曲调名。度娘告诉我，开元年间，陇右节度使郭知运搜集了一批西域的曲谱，进献给唐玄宗。唐玄宗交给教坊翻成中国曲谱，并配上新的歌词演唱，以这些曲谱产生的地名为曲调名。简单说，“凉州词”是乐府诗的名称，本为凉州一带的歌曲，唐代诗人多用此调作诗，描写西北边塞的风光和战事。

或许是凉州词的古风一直吹，入城后看到了颇有规模的民营书店，而且在显要位置能看到郭沫若主编的《中国史稿地图集》。

恰巧，武威，郭沫若来过，并且有个“马踏飞燕”的故事，与这个城市，与郭沫若关系密切。

明代，这是一座雷祖观。老人们说，更早的时候这里的雷台，是古人们祭祀雷神的地方。千年以来，没有人知道，在它的下方有一群呼之欲出的铜奔马。

直到有一天，村里第十三小队的社员用镢头刨到了坚硬的砖头，一堵青砖墙的墓室显现了出来。

这是 1969 年，挖坟掘墓的事传到了武威县文物局，由此发现了一座古墓。墓室地上摆着铜车马仪仗俑阵、棺木和侧室内地上的铜钱。这是一座大型砖室墓，分前、中、后三室，前室附有左右耳室，中室附右耳室。

即使此墓被历年盗毁多次，但在它的最后一次发掘中，在长度不足 20 米的墓穴中还是挖掘出了大量珍贵文物——金、银、铜、铁、玉、骨、石、陶器等陪葬品两百余件。文物部门经清点和跟进发掘，共出土文物 231 件，其中铜车马仪仗俑为考古发掘中所罕见，包括那件方阵前面的铜奔马，也就是后来的“马踏飞燕”。

铜奔马刚刚出土时并未受到足够多的重视。

1971 年 9 月，郭沫若改变了它的命运。时任全国人大常委会副委员长的郭沫若陪同柬埔寨王国民族团结政府宾努首相率领的代表团访问甘肃。

当郭沫若看到了这组铜车马仪仗队，特别是在队伍最前面身长 45 厘米、高为 34.5 厘米的领头马时，他眼前突然一亮，并叫工作人员拿出来让他端详。郭沫若认为这匹铜奔马的考古和艺术价值非同小可，并将其命名为“马踏飞燕”。郭沫若还写下“四海盛赞铜奔马，人人争说金缕衣”的打油诗。

在郭沫若的推荐下，正在北京故宫博物院举办的“出土文物展览”组委会如获至宝，这批文物随之展出。不久，郭沫若又向周恩来提及铜奔马和雷台汉墓……铜奔马和车马组在国内外名声大噪。

“马踏飞燕”的命名，有人提出了不同看法：铜马俑所附飞鸟，从造型看不像是燕子，而是龙雀，应是“马踏龙雀”或“马超龙雀”。龙雀是风神，即飞廉，这种神鸟，岂能是奔马所踏之物？因此，这具铜马俑

就是“天马”。

郭沫若当时为什么认定那是“飞燕”？因为，郭沫若当时联想到了李白《天马歌》中的“回头笑紫燕”，从而想到了疾驰如燕的骏马。紫燕，即古时家马。汉文帝有良马九匹，其一名为紫燕骝。南朝梁简文帝也说过：“紫燕跃武，赤兔越空。”

古人喜欢将奔跑急速的马喻为燕。然而，马蹄下的鸟尾呈楔形，而家燕的尾羽是典型的叉形，并且是深叉形，如“燕尾服”的尾部。但是，家燕虽然在飞行中看上去比麻雀、喜鹊、乌鸦之类常见鸟类的速度快，但它的最高时速只有 75 千米，家马奔跑的最高时速通常可达 90 千米。从速度上看，“马踏家燕”是完全可能的，但尾部特征不符。

汉代是一个极为尊崇野生动物的年代，那时候的人们对隼、雕等猛禽，褐马鸡等勇猛的雉鸡，以及各种各样的战马、骏马喜爱倍加。从遗留下来的大量文物、文献都可佐证。这就说明，从形态特征和速度标准，乃至文化含义上最与“飞燕”相符的鸟类就是隼。

1983 年 10 月，“马踏飞燕”被国家旅游局确定为中国旅游标志。1985 年铜奔马以“马超龙雀”这个名称被国家旅游局确定为中国旅游业的图形标志。

尽管“马超龙雀”被论证确认，“马踏飞燕”还是因其富有亲切感和浪漫气息而耳熟能详。

在武威，文庙比马踏飞燕更能浸染人们的生活。

“天不生仲尼，万古长如夜。”2014 年 9 月 24 日，孔子 9 月 28 日诞辰、2565 周岁生日前夕，我们前往武威孔庙致敬。武威文庙，陇右学宫之冠，不仅是河西四郡之首，也是中国三大文庙之一。清至民国匾额、唐至清代石碑林立，题以“聚精扬纪”“万世文宗”等。

完整的武威文庙建筑群应由儒学院、孔庙、文昌宫组成。东面，文昌宫以桂籍殿为中心，前有山门、戏楼，后有崇圣祠。中部，孔庙以大成殿为中心，前有泮池、状元桥、棂星门，后有尊经阁，檐歇山顶，顶置九脊；如今，西面不存，已毁于 1927 年的地震。

武威文庙存有以行书见长的林则徐、左宗棠等人的墨迹。“一榻梦生琴上月，百花香入案头诗。”不知林则徐作此联与被贬伊犁、途经武威是否存有关联。明清时期，武威文风鼎沸，进士及第人数的增长可以显见。文庙前专立一碑刻，将进士名单逐一列出。

文庙之侧便是武威西夏博物馆。西夏文字的碑刻，闻名于世的西夏碑，就陈列在此……类似的罗列，让我索然无味。因为，我会想起武威横冲直撞的车辆，鸣笛催促的司机以及对进士名单默念考生姓名的家长。

这个城市就是这样，如同西夏的文字，陌生而不苍白，厚重却又莽撞。当武威等河西地带从牧转农后，命运就已经决定，它扮演了分割游牧匈奴同纷扰羌族的缓冲地带，也衔接了中原农业带与天山之南农业区，更开辟了丝绸之路的咽喉之地。秦汉以来，这块土地上先后有戎、翟、大舭、乌孙、羌、匈奴、鲜卑、吐蕃、回鹘，党项、蒙古、满、回等民族，但无一例外地或同化融合、或化整为零。

这就是凉州，既可阻敌于千里，又可化敌于无形。在这里，总有一种力量在拒绝你，除非你选择与它相逢。在这里，相逢的路有很多种，可实地寻访，可掩卷幽思，但却不能发前人所未发。因为，武威的背后，是凉州，是唐诗宋词里诗人的惆怅。

武威，我想和你说个故事，可是，故事终归是凉州的。

于是，我选择离开，哪怕是去邻近的腾格里沙漠。我相信，我们内心的沟壑，或许在一望无际的起伏沙漠深处，才能以星空、绿洲和大漠的风的名义舒展。即便，银河隐去。

2014 年 9 月 25、26 日写于腾格里沙漠、兰州

寰行中国
|DAY29：武威 - 中卫

“梦回西域”第二日，武威 - 中卫，全程 267 公里。从武威出发，撷光揽驭而驰，敬抵武威文庙，尽赏儒家文化的传承与发展，于西夏博物馆一览西夏文明的历史变迁，挚然而行，傲驰定武高速，揽阔腾格里沙漠，最终抵达中卫沙坡头。

武　威

武威，古称凉州，为汉代十三刺史部之一。东接兰州，西连新疆，“通一线于广漠，控五郡之咽喉”。如一日本汉学家所说：“欲了解敦煌学，不了解凉州不成。欲了解丝绸之路，不了解凉州不成。欲了解中国，不了解凉州不成。”观临武威，华夏文明的朗阔璀璨，尽收眼底。

武威文庙

武威文庙，为全国第三大孔庙建筑群。松柏参天，碑石遍布，总面积达 30096 平方米的庙内，古建筑群林立，文物古迹迭现，置身其间，庄重、博厚、文雅之韵扑面而来。武威文庙位于武威东区南隅，是目前西北地区建筑规模最大、保存最完整的孔庙，素有“陇右学宫之冠”之美誉。

整个建筑群可分为东中西三组，由儒学院、孔庙、文昌宫组成。东面，文昌宫以桂籍殿为中心，前有山门、戏楼、后有崇圣祠，松柏掩映，碑石林立。中部，孔庙以大成殿为中心，前有泮池、状元桥、棂星门，后有尊经阁，檐歇山顶，顶置九脊，壮阔无比；西面，儒学院

巍然屹立，存有忠烈、节孝、节义三祠。

武威文庙始建于西夏时期，据考，西夏在建国之初，即蕃学与汉学并举。乾顺时又下令特建“国学”，教授儒学，还设立“养贤务”，以供禀食，使儒学的地位进一步提升。之后，儒学逐成西夏统治的主导思想。武威文庙就是在这个历史背景下应运而生。

武威文庙内藏有唐至清代石碑三十余通，清至民国匾额数十块。虔仰而观，心诚之至。与此同时，木缘塔、木版画、金碗为代表的西夏文物，明清瓷器、牌匾、水陆画为代表的明清文物，于武威文庙内俯拾皆是。

武威西夏博物馆

观历文庙之后，一行来到武威西夏博物馆。置身3570平方米的馆内，西夏文明的历史变迁与文化传承，如一卷博厚长轴倾然而展。政治、经济、宗教、军事、水利、纺织、陶瓷等等，西夏文明的每一种成就，于我们眼前璀璨而现。

腾格里沙漠

腾格里沙漠，位于雅布赖山与贺兰山之间，是中国第四大沙漠。境内天空湛蓝，大漠浩瀚，霞光晚照之间，千里起伏的沙丘，如同柔美的韵线。纵情远眺，星空朗阔，世界无垠，黄色与蓝色在远方融于一线天。

中卫沙坡头

沙坡头，位于腾格里沙漠东南边缘，大漠、绿洲、黄河、群岭各领风骚，大美奇观在此饕餮而宴，傲然而赏，西北雄奇之景，江南秀美之色，于一眼之间尽收眼底。这里还有古老的交通工具“羊皮筏子”，蜚声海外的“沙坡鸣钟”，壮阔豪迈的“黄河飞索”，畅然跋涉，大漠孤烟，长河落日的意境，顷然揽阔于心。

30 | 中卫沙坡头：一个沙漠的夜行不归路

穿过树叶，阳光洒落在西夏的石碑上。静静地走在石板路上，没有喧嚣，只有宁静围绕。

——文化寻访·中卫

一行骆驼沿着夕阳，往沙漠深处走去，沙漠上留下了它们长长的背影。这是我无数次想象着的沙漠场景。

9月24日下午，我在沙漠里漫步，正好遇到了这一幕。

白天，细细的碎沙、金黄的海洋、古朴的胡杨和远去的驼铃声声。夜晚，漆漆的旷野、朦胧的苍穹、微醺的风儿和呼之欲出的月光。

这里是宁夏沙坡头，古时称沙陀，元代名沙山。

这与我想象的沙漠又不尽一致，沙坡头的沙漠是细腻温柔的，没有粗犷彪悍。沙坡头在浩瀚无垠的腾格里沙漠边缘。有一片郁郁葱葱的沙漠绿洲。游人既可以在这里观赏大沙漠的景色，眺望包兰铁路如一条绿龙伸向远方；又可以骑骆驼在沙漠上领略一下沙漠行旅的味道。

《明史·地理志》载，中卫"西有沙山，一名万斛堆。大河在南"。沙坡头又在黄河岸边。浩瀚无垠的腾格里沙漠由北滚滚而来，到这里遇到九曲黄河

戛然而止，伏首在黄河北岸的香山脚下，形成了一条长约 2000 米、高 160 多米的沙漠瀑布。因而，看过《爸爸去哪儿》的朋友都知道，在沙坡头一定要体验滑沙。从高约百米的沙坡头的坡顶往下滑，初而速度较快，如果急于减速，甚至会停在半中央。我就是蠢蠢地停在了坡上。

除了滑沙，羊皮筏子将我带到了船夫时代。我乘古老的渡河工具羊皮筏，在平静的黄河之中，渡向彼岸。这种羊皮筏俗称“排子”，是将山羊割去头蹄，然后脱下整张的羊皮，扎口，用时以嘴吹气，使之鼓起，十几个“浑脱”制成的“排子”，一个人就能扛起，非常轻便。我还感兴趣地吹起了羊皮筏子，可惜不得要领，所幸老师傅帮我一鼓作气吹了起来。一个羊皮筏子需要 14 张羊皮经过剥皮、灌油等工序制作而成。

我不止一次地对朋友说，这是继寰行中国经过墨脱公路、纳木错之后看到的最美景色。正如景区不厌其烦地提及的，“沙坡头集大漠、黄河、高山、绿洲为一处，既具西北风光之雄奇，又兼江南景色之秀美。”“大漠孤烟直，长河落日圆”，王维的诗句也被当地人移植至此。

当天晚上，我们住在沙海里的沙漠酒店，推开房门就是漫天黄沙。夜晚，我走在沙坡上，感受着这个因为治沙而生的保护区。虽然天空中繁星点点，但是没有找到银河，大抵是夜晚的探照灯让星星羞羞答答的缘故吧，我只好一直漫步等待着，坡下的黄河平静异常，没有波涛、毫无汹涌，大自然总是在制造一种力量的同时，去再制造驯服一种力量的力量。而这沙坡头景区，各种户外玩法、各种旅游开发，无所不用其极，人造景观与自然美景相互干扰，一档电视节目被它处处宣传，殊不知，她自身才是最值得称道的“节目”。

在沙坡头，我不想去追古思今，因为大自然已经笼罩到了全身，无法自拔。与在藏区的心灵洗涤不同，在这丝绸之路上，只想着这西域的沙漠驼铃会驶向何方。

2014 年 9 月 25 日初稿于宁夏沙坡头、10 月 19 日写于北京

寰行中国
DAY30：中卫 - 兰州

“梦回西域”第三日，中卫－兰州。全程347公里，晨曦而驭，于无垠浩瀚之间，尽赏沙坡头大漠孤烟之境，纵情远眺，畅揽滑沙之魅，一泻千里，于滚滚奔流之畔，匠制渡江之舟“羊皮筏子”，一气呵成揽渡黄河，挚然傲驰，最终抵达黄河之都金城兰州。

沙坡头

沙坡头，被誉为世界垄断性旅游资源。这里钟灵毓秀，物华天宝，站在沙坡头纵情眺望，滚滚黄河、茫茫大漠、郁郁绿洲，如同一首交响乐章，于一眼之间优美展开。傲然而赏，西北雄奇之景，江南秀美之色，斑斓一气汇融于心中。

滑　沙

“浩浩大漠，已是奇观，聚沙为山，可谓神奇，而沙却有鸣，更为奇中之奇”，在互动环节，寰行中国队员一行从百米之高的响沙之巅，以60度的倾角畅驰而下，飞沙走石，曼妙速韵，“沙坡鸣钟”的悠扬魅力，于风驰电掣之间，揽韵于心。

羊皮筏子

羊皮筏子是黄河上最古老的运输工具，历史悠久，是几十代人繁衍生息、文化交流的不二载体。沿滑沙而下，来到渡口，听老师傅介绍羊皮筏子的制作工艺，以及历史使命与价值，“将羊皮浸热水脱毛后，吹气使之膨胀，灌入少量香油、食盐以防水防腐，然后把皮胎的头尾、四肢扎紧，即可成品，最后将若干羊皮胎扎于木筏之上，即可行舟于河上”，羊皮筏子不仅仅是历史长河中的一种交通工具，更是百年匠艺的民俗文化遗产。

在互动环节，扎口、吹气、扎口，一气呵成，转眼之间，十几个鼓鼓当当的羊皮胎，跃然眼前。寰行中国一行登上羊皮筏子，揽渡黄河，尽赏奔流壮阔之情。

沙漠博物馆

沙坡头沙漠博物馆，由沙漠科普知识、沙漠历史文化，以及互动体验三部分组成。馆藏丰沛，声情并茂，观历馆内，影像、光感、触控等多元展示形式一应俱全，沙漠文化、沙漠产业、沙漠历史变迁等内容，于行走之间一览无余，感触非凡。

中　卫

“塞上文化明珠”中卫，地理区位独特，前有黄河绕流，后有贺兰之固，土地肥沃，物产丰饶，素有“鱼米之乡”的美誉。中卫历史悠久，三万多年前就有人类在这里繁衍生息，并自古倡儒兴学，崇文重道，传承至今，历史文化底蕴卓丰。

兰　州

“黄河给西北高原带来了生命的慰藉，而兰州就是喷涌在这片大地上的民族之井”，观抵兰州，绚丽壮阔的风景、底蕴深厚的人文、大气磅礴的史韵，依着滚滚黄河浩贯而来。兰州是古“丝绸之路”重镇，当之无愧的黄河之都，源远流长的文明变迁，在此传承发展，黄河文化、丝路文化、宗教文化于此淀韵烁光，一眼望去，璀璨、博大、宏伟，瑰丽雄厚的城市壮情，一览无余。

31| 天水：麦积山石窟，锤凿间的秘密

◤你以为那只是一座座普通的山，其实那是活在峭壁上的文化。◢

——文化寻访 · 天水

北魏灭亡，东西魏分裂，柔然复兴。

西魏文帝元宝炬与柔然和亲，娶柔然阿那瓌的长女郁久闾氏为皇后（魏悼后），而废原皇后乙弗氏为尼，不久逼乙弗氏自杀。

元宝炬废除皇后是不得已而为之。《北史 · 后妃传》记载“帝虽限大计，思好不忘。后密令养发，有追还之意。”元宝炬对乙弗念念不忘，让郁久闾氏心生醋意，逼元宝炬下令乙弗自尽。

乙弗手捧皇诏，挥泪高呼：“愿至尊享千万岁，天下康宁，死无恨也。”进入卧室“引被自覆而崩”，年 31 岁，后“凿麦积崖为龛而葬”。《北史 · 后妃传》甚至记载说：“神躯将入，有二丛云先入龛中，顷之一灭一生。”

“凿麦积崖为龛”即麦积山石窟。在这里，孤仞独立，身藏百窟；千崖万像，转崖为阁。一锤一凿的背后暗藏着多少史书里未曾提及的故事，令人不仅唏嘘或神往。

在 121 窟里：菩萨和弟子“窃窃私语”；在 133 窟里，小沙弥会心一笑……他们就在“陇上江南”的天水，在小陇山支脉群山叠嶂中，已然 1600 年。

资料显示，麦积山石窟是随着丝绸之路的畅通，从十六国后秦（公元 384 — 417 年）后期开始营造，经北魏、西魏、北周、隋、唐、宋、元、明、清等十多个朝代的不断兴建和修缮。据《梁高僧传》载，南宋永初年间，高僧昙弘禅居麦积山，不久名僧玄高继至，二人共住寺院，常有学徒 300 余人。西魏时，魏文帝原配皇后乙弗氏在这里死后，“凿麦积崖为龛而葬”。北周保定、

天和年间，秦州大都督李允信为其亡父造七佛阁，曾请庾信为他写了一篇《秦州天水郡麦积崖佛龛铭并序》。隋文帝仁寿四年，秦州使在麦积山顶修建高 9.4 米的七级宝塔一座，相传为阿育王 84000 宝塔之一。著名禅僧玄高、昙弘在此讲学，“聚集僧人三百”。北魏、西魏、北周三朝，大兴崖阁，造像万千。唐朝开元二十二年(734 年)约 7.0 级的秦地大地震，使麦积山中部崖体大面积坍塌，山体分成东、西两崖，雕塑、壁画均不同程度遭到破坏，凌空架设的栈道也断裂了。

清季以来，麦积山石窟几乎无人问津。天水籍学者冯国瑞在 20 世纪 40 年代分析认为：“（麦积山石窟）近代未显著于世者，盖有二因：（一）远在天水城东南百里外，林壑深邃，山径崎岖，未若敦煌千佛洞之距城较近，彬州石室之近在道旁。（二）宋以后之记载，未能详见胜迹之真面目，仅有题名及览胜之题咏，未能引人入胜。且匪警常有……而沉寂西陲，亦为幸事。”

麦积山现存窟龛以泥塑为主，尤以北朝雕塑原作保存最多，艺术水平最高。有研究认为麦积山呈现不同的时代特征：

1. 后秦（384-417 年）：创始阶段——剽悍雄健 第 74、78 窟
2. 北魏（386-534 年）：辉煌发展阶段——秀骨清像 第 115、133 窟
3. 西魏（535-556 年）：精练提高阶段 ——秀骨清像 第 127、121 窟
4. 北周（557-581 年）：创新阶段——珠圆玉润 第 4、62、44 窟
5. 隋代（581-618 年）：新发展期——丰满夸张 第 37 窟
6. 初唐（618-712 年）：新发展期——丰满夸张 第 5 窟
7. 宋（960-1127 年）：大规模重修期——写实求真 第 165 窟

东崖中部 13 窟以“华严三圣”著称，隋凿宋修。1982 年，从主佛脸内

发现手抄本《金光明经》一卷，还在眉心发现白瓷碗一件，碗底题记“宋绍兴二十七年甘谷工匠高振同”。

4号窟为北周大都督李允信所奉造的“七佛龛”，七龛内各一主佛，共七佛，已历经宋、明、清的覆盖泥皮式重修和重妆；而七龛内现存的700余身影塑则基本保持北周原作形态。麦积山考古研究室主任夏朗云说：“七佛龛各龛门面为浮雕仿帐式结构，窟门两侧帘子掀开，7尊佛分坐在各自帐内，好似笑看帐外云起云落。这种帐式龛的出现，说明当时佛窟经汉化又‘回潮’流行起少数民族文化来，是一种别致的创新。7佛龛窟门两侧以高浮雕手法塑造的8尊护法神，则是人们常说的天龙八部。”天龙八部有天、龙、夜叉和恶鬼等形象。在西侧柱外下部，有浅刻题记一方，三行十六字：“坊石匠法知，赵获玖开三龛赵松朵”。此外，第二龛主佛两侧下层壁画中，有元至正二十五年（1365年）重妆塑像的题记二处，在前廊左壁天王左侧墨书藏文六字真言，系唐以前古藏文题记。

麦积山考古研究室主任夏朗云说：“麦积山石窟起源于十六国后秦时期，早期佛像高鼻宽肩，长腿细腰，是明显的印度风格。到了西魏时期，佛像清俊秀美，面容和蔼，服饰风格上已显汉化，至隋唐时期，佛像则明显趋于中原文化，观览一气，佛教中国化进程一览无余。在麦积山石窟，不仅能看到佛教向东的传播脉络，也能看到佛教中国化的历程，以及中国文化自东向西的传播。”1976年，文物部门投入200万元维修，打进2300支钢钎巩固山体，经过十年，用特制泥浆修补缝隙。一期工程结束后，再投入100多万元对渗水注浆。2006年，麦积山引起世界银行关注，投资1.54亿元，进行大规模修复。

“蹑尽悬崖万仞梯，等闲身与白云齐；檐前下视群山小，堂上平分落日低；绝顶路危人少到，古岩松健鹤频栖；天边为要留名姓，拂石殷勤手自题。”五代天水诗人王仁裕年轻时登麦积山赋诗一首，其40年的宦海沉浮由此发轫。

如今，“峭壁之间，镌石成佛，万龛千窟，碎自人力”的麦积山石窟与敦煌莫高窟、大同云冈石窟、洛阳龙门石窟一样，重新行走在了丝绸之路上。

2014年10月19日写于北京

寰行中国

|DAY31：兰州 - 天水

“梦回西域”第四日，兰州－天水，全程344公里。从兰州出发，沿连霍高速傲驭而驰，观临“羲皇故里”天水，尽赏天河注水之色，揽景而行，敬抵“东方雕塑馆”麦积山石窟，于千仞绝壁之间，一览佛教东播之迹，以及文化西进之络。

天　水

天水，丝绸之路上的枢纽要地，古之千秋聚散地，素有“羲皇故里”之誉。千年历史，铸就了其丰沛的文化积淀，伏羲文化、先秦文化、石窟文化、三国文化，在这里璀璨传承，观临于此，华夏文明的史韵，以及“天河注水”的瑰丽，一览无余。

麦积山石窟

“有龛皆是佛，无壁不飞天”，麦积山石窟始建于十六国后秦时期，历经千年开凿修葺，积璨于今，已经成为翘楚于天下的佛迹圣地。素有“东方雕塑馆”的美誉，与龙门石窟、云冈石窟，以及敦煌莫高窟，并称中国四大石窟。寰行中国一行敬登麦积山石窟，于叠云峭壁之间蜿蜒而上。挚心远瞰，镌石成佛、万龛千室，驭临腾云栈道，如置世外天阁。由上至下，是密布的窟龛，肃然而立的泥塑、石胎泥塑、石雕造像，以及多达千余平方米的壁画，虔然而揽，这延绵千年的神工之作，如浴莲花，绽放出一道道神圣的光。

麦积山石窟存有大量宗教、艺术、建筑等方面的珍贵资料，涅槃窟、千佛廊、七佛阁，西崖的万佛堂、天堂洞……无不积韵丰沛，揽阅古今。2014年6月，麦积山石窟作为中国、哈萨克斯坦和吉尔吉斯斯坦三国联合申遗的“丝绸之路：长安－天山廊道路网”中的一处遗址，成功列入《世界遗产名录》。

麦积山文化对谈

“麦积山石窟是丝绸之路的首站，也是佛教沿丝绸之路传入中国的重要路标”，于麦积山石窟山脚，寰行中国一行有幸与麦积山考古研究室主任夏朗云先生进行了深入的文化对谈，从自然、地理、人文，一路谈到宗教，“麦积山石窟起源于十六国后秦时期，早期佛像高鼻宽肩，长腿细腰，是明显的印度风格，到了西魏时期，佛像清俊秀美，面容和蔼，服饰风格上已显汉化，至隋唐时期，佛像则明显趋于中原文化，观览一气，佛教中国化进程一览无余”。正如夏朗云先生所说：“在麦积山石窟，不仅能看到佛教向东的传播脉络，也能看到佛教中国化的历程，以及中国文化自东向西的传播。”

在夏朗云先生的带领下，寰行中国一行从下至上，由外而内，对麦积山石窟进行了一次深度地探访，观感非凡，有荡气回肠之韵。

32| 宝鸡：法门寺，丝路上的多舛古刹

三级风檐压鲁地，九盘轮相壮秦川。

——文化寻访 · 宝鸡法门寺

谈及陕西法门寺，不得不提及稀世佛指舍利。

据说，在2500年前，释迦牟尼佛涅槃后留下了一块头顶骨、两块肩胛骨、四颗牙齿、一节中指指骨舍利及84000颗真身舍利。公元前3世纪中叶，阿育王统一印度后，为弘扬佛法，将佛舍利分送世界各国建塔供奉。中国有十九处，法门寺为第五处，供奉的是佛指舍利。

阿育王役使鬼神于同年同月同日同时建八万四千塔，明显地具有神话色彩，中国境内有四处、六处、十九处阿育王塔之说，只不过是根据这个神话演绎的结果。

法门寺被认为始建于东汉末年恒灵年间。有学者质疑认为，佛教传入中国汉地传统说法是东汉明帝永平年间，在佛教的这一初传时期，它不过是作为一种“方术”在宫廷流行，东汉一代出家的僧人也只有严佛调一个，连摄摩腾、竺法兰白马负经到洛阳建寺都不可确定，法门寺建于“西典东来”的东汉时代也就不切实际了。

法门寺建于佛教盛行的北魏时期。公元558年，北魏皇室后裔拓跋育进行大规模扩建，并开创了供奉法门寺佛骨的先河。在周武帝的灭法运动中（574 — 578年），法门寺“厢宇外级，唯有两堂独存”。

法门寺因北周武帝之灭佛而沉沦衰落，又

因隋文帝之崇佛而东山再起。隋开皇间，法门寺成为弘扬《成实论》的道场，寺名也叫“成实道场”。仁寿二年(602 年)，北周大将军李穆的侄孙、右内史李敏重修寺宇。隋炀帝大业五年，在整顿佛教中规定，僧不满 50 人之寺从废，法门寺被废，并入京师宝昌寺，“其塔故地”则变成了“寺庄”。法门寺的佛事活动中断。

延及唐代，法门寺迎来了它最为辉煌的时期。法门寺的寺名为唐高祖李渊所取，他当时名义上还是隋恭帝杨侑的大丞相。唐王朝建立后，法门寺成为帝国崇拜、供养佛舍利的中心和皇家内道场，在国家宗教生活中占据至高无上的地位。秦王李世民平定薛举父子之乱，给法门寺寺度僧 80 名，并派宝昌寺僧惠业为住持。不过，在武德末、贞观初，法门寺失火，连北周灭法时幸存的两堂也化为灰烬。

法门寺的全盛始于唐太宗。贞观五年(631 年)，阿育王塔重建。从京师佛寺中请了几十名大德和沙弥，法门寺“僧徒济济”。唐高宗显庆四年(659 年)，法门寺大规模扩建。肃宗、代宗二世间，法门寺又进行了一次大规模的重修。

法门寺变成了“崇崇焉极乐之所”，共拥有“瑰琳宫二十四院”。这二十四院有：普通院、天王院、吉祥院、地藏院、五会院、净土院、罗汉院、真身院、浴室院、修造院。唐武宗是一个崇道反佛的皇帝，在唐武宗“会昌法难”中，法门寺二十四院几乎全部夷为平地。至唐益宗咸通中迎佛骨时，虽曾软凤翔节度使令狐绚等“充修本寺”，但仍远未复其原貌。

五代时，偏安于关西的李茂贞对法门寺进行旷日持久地修复。这是会昌法难之后官方对法门寺进行的规模最宏大的修葺。宋代，法门寺扩建为二十四院，僧众甚多，宋徽宗亲题“皇帝佛国”匾额于山门。

五代之后，法门寺由“官修”而变为“民修”，规模也难比于以往。这是由于长安失去帝都地位、佛教弘扬中心东移所造成的结果，也是佛教由鼎盛走向衰落所造成的结果。

唐王朝继承隋代供养佛舍利的做法，并形成“三十年一开”的制度，因为皇帝们相信定期迎送供养佛骨会给帝国带来安宁。自唐太宗开启地宫供养佛骨后，在帝国的 200 多年间，先后有高宗、武后、中宗、肃宗、德宗、宪宗、懿宗等皇帝 8 次将佛骨迎进皇宫供养。不过，每逢迎佛骨就有一些信徒甚至截肢断臂以示虔诚，社会影响恶劣。据《杜阳杂编》记载，当时有一军卒砍下自己左臂，以右手拿着，一步一礼，血流洒地，至于那些对着佛骨“肘行膝步，噬指截发者不可胜算”。

公元 874 年，唐朝最后一次迎请供奉后，指骨舍利被送还法门寺，密封珍藏于塔下地宫中。

1981 年 8 月 24 日，明万历年间修造的十三级“阁楼式”砖塔（即“真身宝塔”），在经历了 375 年后，因雨水浸渗而半边坍塌。1987 年 4 月 3 日，在重修砖塔、清理原塔基时，唐代地宫意外发现，在沉寂了 1113 年之后，2000 多件大唐国宝重器，簇拥着佛祖真身指骨舍利重新面世。

不过，法门寺得有今日，不得不向殉教者良卿和尚致敬。

1967 年 7 月 12 日，一群红卫兵到法门寺挖掘镇寺之宝佛指真身舍利塔的地宫。良卿法师决定舍身护院，他在庭院中堆积柴草，自己端坐在柴草之上，极力阻止他们的狂热举动。然而，革命的激情让小将们无视良卿法师的劝阻。71 岁的良卿法师只好引火自焚。挖掘地宫的红卫兵见状，赶紧四散而去，法门寺的地宫得以保全。

1997 年 7 月 12 日，良卿法师引火自焚 30 周年，法门寺为他建造纪念塔当日揭幕。

2014 年 10 月 19 日写于北京

寰行中国
DAY32：天水－宝鸡

“梦回西域”第五日，天水－宝鸡，全程220公里。从天水出发，沿连霍高速而驰，途经街亭、陈仓，于峻岭连绵曦光普洒之间，揽景“佛骨圣地”宝鸡，心神合一，虔敬而行，最终观抵“世界佛都”法门寺，一览“丝路西去，佛典东来”的历史之盛。

街　亭

离开天水，晨曦而驭，于崇山峻岭之间，观临千年古境街亭。这里河谷开阔，四通八达，如梭而过，古战场上的马蹄声于风中，轰鸣而过。一瞬之间，失街亭、空城计等历史、文化记忆，

赫然跃于眼前，淀韵烁光之间，荡气回肠。

陈　仓

“明修栈道，暗度陈仓”，驭行这一历史名地，刘邦与项羽当年于陈仓，谋定而动，兵刃相见的雄奇壮景，一览无余。与此同时，陈仓还是周秦文化的重要发祥地。

宝　鸡

“佛骨圣地”宝鸡，素有“炎帝故里，社火之乡”的美誉。八千年文明，三千年建城史，成就了宝鸡的璀璨文化积淀。作为早期黄河流域文明的中心，宝鸡史韵连绵，周秦王朝于此发祥，佛家、儒家、道家三家文化于此集合昌盛，物华天宝，人杰地灵，从古至今，更是佳话不断，“炎帝在此开启农耕文明、周公在此著《周礼》、姜太公在此钓鱼、燕伋在此尊师

重道”，观临宝鸡，无不被博大浑厚的璀璨历史所折服。

法门寺

“千载佛家圣地，万世人文经典”，法门寺原名阿育王寺，因佛祖真身指骨舍利而置塔，因塔而建寺，秘藏千年，举世无双，素有“世界佛都”的美誉，早期曾与五台、终南、泗州共称四大佛教圣地。寰行中国一行观临法门寺，虔敬而行，先后朝揽佛光门、般若门、菩提门、佛光大道、六渡桥、合十舍利塔、法门寺地宫。“舍利放光，感应空前，凡见者闻者，广种福田”，法门寺宝塔南面秦岭太白山，巍峨高耸，渭水如带，素有“面太白而千叠云屏，枕清渭而一条翠带”之誉。独特的地理区位，使之成为“丝路西去佛典东来”的要冲之地，千年以来，历经几朝尊崇，香火不断，延绵至今，终成不二于世的佛教中心。

合十舍利塔

合十舍利塔，塔高148米，共六层，内供奉着世界唯一的释迦牟尼指骨舍利，是佛教世界最高圣物。自下而上，佛教中佛、各方菩萨林立，于潜心祈愿之间，沐于“三身法像，六重法界”。五湖四海的朝圣者，于此得到心灵的净化。

法门寺地宫

法门寺地宫，是佛教和盛唐王朝的藏宝库，是世界第一的佛塔地宫。佛祖真身指骨舍利，于此秘藏，千年璀璨，照古腾今。于20世纪80年代一经发现，便震惊世界。与此同时，大唐文明的千载遗韵，更是一览无余，金银器具、翡丽宝盒、翠色秘瓷、异域琉璃，于宫内神韵飞洒，数量之多、工艺之高、保存之完整，堪称举世无双，一眼望去，如置大唐盛世。丝路西去，佛典东来，丝绸之路沟通了中西文化的交流，观临法门寺地宫，中西文明交汇融合的丝路盛景，尽揽无余。

33| 西安：鸠摩罗什，梦回西域的起点

◤贾平凹说，西安是我遇到的第一个姑娘。◢

——文化寻访 · 西安

公元 401 年年末，后秦弘始三年，一个来自西域龟兹国（今新疆库车）的僧人东行，他的目的地——长安。

与我寰行中国的路线颇为相似，他在甘肃武威曾有长时间停留，继而被后秦皇帝姚兴迎送，东传佛法，而我等则是寻访中国文化，名山古刹自然也在寻访的链条上。

他是与印度人真谛、玄奘、锡兰人不空并称为中国佛教四大翻译家的鸠摩罗什，公元 343 年出生于西域，父亲鸠摩罗炎出身于天竺婆罗门，出家后东行龟兹，娶了龟兹国王的妹妹耆婆。

鸠摩罗什到达长安后，入逍遥园西明阁，姚兴以国师礼待，并请鸠摩罗什主持规模宏大的译经场。自此，中原在鸠摩罗什的眼里，不再是驼铃声中商旅送来的丝绸，而是一番浩大的译经事业。

尔后十二年间，鸠摩罗什译出经论 35 部，294 卷，其中有《大品般若经》、《小品般若经》、《妙法莲华经》、《金刚经》、《维摩经》、《阿弥陀经》、《首楞严三昧经》、《十住毗婆沙论》、《中论》、《百论》、《十二门论》、《成实论》及《十诵律》等。

译经有着严格的程序，先由鸠摩罗什口译佛经为汉语，再由众僧推敲润色后记录整理，然后与旧译进行比较，继而向僧众宣讲，经过反复讨论才敲定译文。译文还要由旁人翻译回原文，以比较和避免错讹之处。最终的佛经定稿由后秦皇帝确认，才能抄录流传。

就是在长安，诞生了“世界”“未来”“爱河”“平等”等词汇，他们来自译介而来的佛经，佛教文化成为了中国文化的一部分。

以“世界”为例，据楞严经卷四载：世，即迁流之义；界，指方位。即于时间上有过去、现在、未来三世之迁流，空间上有东南西北、上下十方等定位场所之意。亦即指众生居住之所依处，如山川、国土等。由上所述，可知世界原指三界之有为世界；然大乘佛教亦指莲华藏世界（华严宗所说佛之境界）、弥陀净土等，即包含超越相对世界之绝对世界、无为世界。

公元 402 年，鸠摩罗什译出《金刚经》，公元 661 年，后来的禅宗六祖惠能卖柴时听人读诵《金刚经》，引起内心的领悟。经询问得知，黄梅弘忍大师在凭墓山，以《金刚经》弘化。惠能听了，觉得自己与佛法有缘，所以辞别了老母，到黄梅去参礼弘忍。弘忍为惠能说法，说到《金刚经》“应无所住而生其心”时，惠能悟道禅宗。

鸠摩罗什翻译的佛经“三论”（《中论》、《十二门论》、《百论》）是三论宗立论依据；《成实论》为成实宗主要依据；《法华经》为天台宗立论依据；《阿弥陀经》为净土宗所依“三经”之一。

公元 413 年，鸠摩罗什在长安草堂寺圆寂。200 多年后，一个唐朝和尚开始了他漫长的取经路。

※

他是玄奘。

公元 627 年，贞观元年，27 岁的玄奘从长安出发，从梦回西域的起点，西行取经，在途中经兰州到凉州（姑藏），至瓜州，再经玉门关，越过五烽，渡流沙，抵达伊吾（哈密），至高昌国。贞观二年正月玄奘到达高昌王城（今新疆吐鲁番县境），受到高昌王麴文泰的礼遇。后经屈支（今新疆库车）、凌山（耶木素尔岭）、素叶城、迦毕试国、赤建国（今乌兹别克斯坦塔什干）、飒秣建国（今撒马尔罕城之东）、葱岭、铁门，到达货罗国故地（今葱岭西、乌浒河南一带）；南下经缚喝国（今阿富汗北境巴尔赫）、揭职国（今阿富汗加兹地方）、大雪山、梵衍那国（今阿富汗之巴米扬）、犍双罗国（今巴基斯坦白沙瓦及其毗连的阿富汗东部一带）、乌伏那国（巴基斯坦之斯瓦特地区），到达迦湿弥罗国。在此，玄奘学佛两年。此后，玄奘到磔迦国（今巴基斯坦旁遮普）、至那仆底国（今印度北部之菲罗兹布尔地方）、阇烂达罗国（今印度北部贾朗达尔）、窣禄勤那国（今印度北部罗塔克北）、秣底补罗国（今印度北部门达沃尔）、曲女城（今印度恒河西岸之勒克）。

贞观五年（公元 631 年），玄奘抵摩揭陀国的那烂陀寺受学于戒贤。玄奘拜住持戒贤为师，后升至该寺副主讲。玄奘在那烂陀寺历时 5 年。贞观十年，玄奘离开那烂陀寺，先后到伊烂钵伐多国（今印度北部蒙吉尔）、萨罗国、安达罗国、驮那羯磔迦国（今印度东海岸克里希纳河口处）、达罗毗荼国（今印度马德拉斯市以南地区）、狼揭罗国（今印度河西莫克兰东部一带）、钵伐多国（约今克什米尔的查谟），访师参学，然后重返那烂陀寺。

是时候回去了。玄奘决定放弃在印度的地位和声望，回归为何西行的轨道上，东归。

一个人的取经路行走了 18 年。玄奘在贞观十九年（645 年）年携带 657 部经书回到了长安。同时，他带回来的还有佛舍利 150 粒、佛像 7 尊。史载当时“道俗奔迎，倾都罢市”。

玄奘是幸运的，没有被高原、荒野和风雪，乃至妖精战败，没有遭遇异域的战火和丝绸之路上的流寇，也没有碰到朝廷的更迭。他是公元 3 世纪以来西行求法僧人中载誉而归的勇士、探险者和旅行家。

玄奘回国后翌年，即贞观二十年（646 年）即开始组织翻经译场，首先在弘福寺翻经院进行，其后在大慈恩寺，北阙弘法院、玉华宫等处举行。公元 648 年夏，玄奘将译好的《瑜伽师地论》呈给太宗，并请太宗作序。太宗花一个多月时间通览这部长达百卷的佛教经典后，亲自撰写了 700 多字的《大唐三藏圣教序》。

玄奘及其弟子共译出佛典 75 部、1355 卷。玄奘的译典著作有《大般若经》《心经》《解深密经》《瑜伽师地论》《成唯识论》等。

玄奘口述的《大唐西域记》记载了玄奘亲身经历和传闻得知的138个国家和地区、城邦，包括乌兹别克斯坦、阿富汗、伊朗、巴基斯坦、印度、尼泊尔、孟加拉国、斯里兰卡等地的情况。19世纪，英国考古学者在印度，手持这本书按图索骥，发掘出了那烂陀寺等多处佛教遗迹。

《大唐西域记》由玄奘弟子辩机执笔。辩机却死于腰斩，因为他与高阳公主的私情暴露了，惹怒了李世民。

公元664年，玄奘圆寂，李世民已经去世多年。唐高宗李治闻讯痛哭："朕失国宝。"

※

美国汉学家谢弗说："在唐朝统治的万花筒般的三个世纪中，几乎亚洲的每个国家都有人曾经进入过唐朝这片神奇的土地。这些人是怀着不同的目的到唐朝来的：他们中有些是出于猎奇，有些是心怀野心，有些是为了经商谋利，而有些则是由于迫不得已。但是在前来唐朝的外国人中，最主要的还是使臣、僧侣和商人这三类人。他们分别代表了当时亚洲各国在政治、宗教、商业方面对唐朝的浓厚兴趣。"

这就是玄奘生活的时代，开放而包容，当别人选择亲近这个布满光环的帝国的时候，玄奘却选择开创史诗般的西行。

玄奘没有想到的是，他的西行故事渗入到了中国人的生活和血液里，如果连唐僧师徒的故事都不知道，人家会怀疑你的智商或者国籍，因为在中国，即便是乡野村夫和胡闹小儿，都会脱口而出。

最伟大的故事都会有结局。

长安的历史在唐代就结束了，它的敌人是朱温。

公元904年，叛将朱温挟昭宗迁都洛阳，命长安居民"按籍迁居"，把长安的宫殿、街房、楼亭等全部拆毁，这座"世界第一都城"，就这样变成了一片废墟。

此后不久，诗人韦庄到长安，写了《长安旧里》一诗：

"满目墙匡春草深，伤时伤事更伤心。

车轮马迹今何在，十二玉楼无处寻。"

僧人子兰在《悲长安》里感叹道：

"何事天时祸未回，生灵愁悴苦寒灰。

岂知万顷繁华地，强半今为瓦砾堆。"

长安城经朱温破坏，房屋皆被拆毁，宏伟的长安城已面目全非，到处是墙匡、瓦砾。

现在，在西安的地上地下，瓦砾并不鲜见。有人说，西安人家里总有一两块秦砖汉瓦。20 世纪 80 年代初，西安北郊的农家，厕所角落里总有一大堆打碎的汉陶瓷片，这是用来刮屁股的，刮了之后又丢在一旁，雨水淋干净了再用。

这座与雅典、罗马、开罗并称齐名的城市，在经历了西周、秦、西汉、新、西晋（愍帝）、前赵、前秦、后秦、西魏、北周、隋、唐等 13 个王朝在这里建都后，长安、西京、西都、丰京、镐京、常安、京兆、大兴、永兴、奉元……渐行渐远。

渐渐地，西安养成了怀旧的性格，饱受沧桑的西安有着千年的自豪，却又在现代的氛围里调整节奏放下姿态。如同 13 岁的贾平凹第一次来到西安，背着粗麻绳捆着的铺盖，戴着草帽，一看见钟楼，草帽掉了，差点被汽车碾过。

而我，在兵马俑、秦始皇陵、华清池、大雁塔，在西羊市、钟楼、鼓楼，看到的是熙攘的参观人群和流浪歌手的摇滚腔调。

西安就是这样，有点不慌不忙，有点横冲直撞。

2014 年 11 月 22 日— 23 日写于北京

寰行中国
|DAY33：宝鸡 - 西安

“梦回西域”第六日，宝鸡－西安，全程 178 公里。从宝鸡出发，驭西宝高速而行，于曦光骤雨之中，观抵关中民俗艺术博物院，一览千年民族生存和文化交流融合的定格之美，虔敬而行，最终抵达“十三朝古都”西安。

西　安

作为中华文明的发祥地，西安有着 7000 多年文明史，3100 多年建城史，周、秦、汉、隋、唐等朝代均建都于此，素有“十三朝古都”之誉，是史上建都朝代最多、影响力最大的古城。“秋风吹渭水，落叶满长安”，观临古都西安，一幅晕染厚重文化古韵的画卷，迎面而展。悠扬的秦腔，壮阔的兵马俑，瑰丽的长安画派等源远流长、博大精神的文化精髓，于古城的秋风之中，一览无余。置身古都，犹如一次深邃的历史回望，千年长河中的民族变迁、文化交融汇集，波澜壮阔，璀璨斑斓。西安自“丝绸之路”开通后，便成为东方文明的不二中心，古称“西有罗马，东有长安”，潜心行走，于城墙砖瓦之前，定睛凝视，当年“西风东进，东学西入”的盛景，尽收眼底。

关中民俗艺术博物院

关中民俗艺术博物院，位于秦岭终南山世界地质公园中心带，占地500亩，整体建筑群呈明、清园林风格，古韵臻雅，气势非凡。院内典藏了大量周秦汉唐以来的民俗遗产，绚丽多姿，照古腾今，恍惚之间，华夏民族千年的历史文化记忆，于此定格缩影。素有“民族文化的基因仓”的美誉。

“一笔一画，勾勒世间百态。一砖一瓦，铭刻历史沧桑。一石一柱，述说文化传奇”，揽景于此，戏曲、工艺、字画、礼仪、建筑等九个类别的藏品，在这里齐聚一堂。行走之间，五千年中华文明的璀璨积韵，喷涌而来。“石碑、拴马石5000余件，字画3000余幅，木雕2000余件，石雕12000多件，日常生活用品和生产、交通工具4000多件……”各自载负着历史变迁的文化传承，以及交融碰撞的独特魅力。而40座院迁复建的明清古民居，以及8600多根历代石雕拴马桩，更是领秀生生不息的时代文化记忆。

明清古民居

“关中民俗艺术博物院建设有40院迁复建明清古民居、戏楼、店铺、人工湖、祭坛广场等，为人类定格，还原了一个时空的缩影”，行走于此，仿若置身时光隧道，古色古香之间，明清时代的人文情怀，于楼台亭榭、飞檐翘角、诗韵画境细微处，畅然随风，渗透于心。与此同时，古民居内钟、秤、佛像、明清书画墨迹、汉画像石等沧桑古迹应有尽有，而一段千年老腔，则酣畅淋漓地唱出了烁韵千年的情怀。

拴马桩

关中民俗艺术博物院内的8600多根拴马桩，巧夺天工，亘古流传，素有“地上兵马俑”的美誉。几乎每一尊拴马桩都有独特的寓意，比如“背背猴拴马桩”寓辈辈封侯，世代为官。“猴子骑狮栓马桩”寓长寿多福。“钱币拴马桩”寓吉祥如意。观览一尊尊满覆古韵的拴马桩，远处突然传来马蹄声，静心闻之，一条滚滚奔腾的历史长河，在面前巍然展开。民族的历史变迁，文化的共融并扬，尽收眼底。

至此，“寰行中国”别克·中国文化之旅，第五条线走到了终点，大同是“梦回西域”线传达给我们的精神，重走古丝绸之路，重走西域与中原文明的交融之路，体会到的不仅是中国文化的内部融合，更是全球文明的大同。

261

西安—烟台

第六部

「弘扬华夏文化精髓：创造」

34| 洛阳：一城巷陌一城人，一城往事如烟云

那幽深的街巷，那老街，那老院，那老铺……就像一株大树成百上千条的根须，深植于洛阳人的心中。

——文化寻访·洛阳

寻常巷陌、旧院古木，暗藏着如烟往事，洛阳与西安一样，需要细细地咂摸、品味。

一千多年前，司马光在这座牡丹之城里停留了 19 年之久，潜心修著《资治通鉴》，却对这座城市心存唏嘘："若问古今兴废事，请君只看洛阳城。"

洛阳是个有太多故事的地方，一城看尽千年的兴衰，呼吸之间都有着宏大而望尘莫及的恩怨情仇。密密麻麻的针脚挤在历史陈旧的衣袖上，仰俯之间都有着剪不清、理还乱的情怀。一路走来，城池与四合院确实有些沉闷而陈旧，青瓦木雕也都有了苍老的痕迹。

既不是单调的新，也不是纯粹的老，时光荏苒，洛阳故城的一城巷陌纵横交错，看着代代朝朝奔赴的仓促脚步，却也抵不过月生日落的千篇一律，化为烟云。

洛阳本是一个精致优雅的城市。诗人狼毫一挥，便可将这座城市赋予气韵生动、温文尔雅。风花雪月在这里显得有些轻佻，帝王将相的更迭冗长也难免粗糙。洛阳到底属于谁呢？它实在是斟酌许久之后的浅唱低吟。牡丹与彩陶，佛教与文学，或许才是它的精髓。所有的辉煌终将成为故纸堆里令人嗟叹的历史，所有炽热忘我的感情也都经不起岁月的推敲和挥霍，更何况一个洋洋洒洒自成大观的城市。城市的宿命往往讳莫如深。衰败和兴盛，都被世人高高挂起，形同陌路，与己无关。但城市给予一个人的，却往往是它的倾囊所有。以它之名，或生或死，都有着极高的归属感和习惯冲击。连空气里流动的每一寸精神，都是独一无二。情感与悲欢，以至于生老病死，命运反复，在一座城与一个人的相互照面后都有着纠缠不清的宿命解释。

作为十三朝古都的洛阳，可上溯至夏、商两代，这里曾是王畿(jī)的一部分。此后，洛阳屡为国都。

不知道司马光为何选择洛阳看尽"古今兴废事"，或许洛阳具有让人评点前朝事的欲望吧。昔年，白居易、胡杲、吉旼、郑据、刘真、卢慎、张浑、狄兼谟、卢贞等"香山九老"，在洛阳龙门寺聚会，过着退身隐居、远离世俗、忘情山水、耽于清淡的生活。

香山与白居易，就仿佛是相互印刻的纹理。命运此起彼伏，却能相互扶持，香山是白居易晚年用情至深的风景。元和三年，香山接纳了这位青衫诗人，白居易从此常驻洛阳长达 18 年，直到会昌六年卒于自己的宅第——履道里。夏天“炎光昼方炽，暑气宵弥毒。摇扇风甚微，褰裳汗霡霂”。白居易夜里为消暑，便“起向月中行，来就潭上浴”。有时白天到香山寺避暑，“晚下香山踏翠微”，一路上沐浴着凉风，“卧乘篮舆睡中归”。有时也会在香山寺住上几天，“朝随浮云出，夕与飞鸟还”。白居易对香山寺的眷恋甚至到了以寺为家的地步，“空门寂寞老夫闲，伴鸟随云往复还。家酝满瓶书满架，半移生计入香山”。

开成四年冬十月，白居易始得风疾，第二年秋他不顾体弱多病夜宿“经年不到”的香山寺，不禁感慨万千，以往那些“饮徒歌伴”已经“雨散云飞尽不回”了，“更过今年年七十”，那“十二年来昼夜游”的香山寺，对于自己来说，“假如无病亦宜休”，很可能来的机会不多了，不禁满腹惆怅。为元稹写墓志的费用虽“文不当辞”、“贽不当纳”，却被固执善良的元稹亲朋执意相送，这也恰好为白居易修缮香山寺提供契机。之后，香山寺便焕发新颜，“关塞之气色，龙潭之景象，香山之泉石，石楼之风月，与往来者耳目一时而新”。

如果一个城市完全属于文人墨客，多少会流于不切实际。颂歌与正义，往往会不自知的在一个阶段内束之高阁。在历史的兵荒马乱之中，洛阳似乎是个最为单纯的毫不知情者。

1936 年，蒋介石五十寿辰的礼物便是洛阳当地政府在香山寺旁建造的一幢两层小楼，后被命名为“蒋宋别墅”。10 月 31 日，蒋介石在别墅庆祝了自己的五十寿辰，并和夫人宋美龄三次往返洛阳，去安抚山西阎锡山、山东韩复榘和绥远傅作义。

1936 年的“蒋宋别墅”，

却在 30 年后一度成为杨成武的“牢狱”。1968 年的 3 月底解放军代总参谋长杨成武被秘密关押在香山寺。直到 1971 年 1 月离开，杨成武被羁押于此两年多，无一次下楼。

自由与束缚、舞台与空间，历来是不容置喙的伪命题。一座小楼都有着各种意想之中和意料之外，都会选择慢慢忘记。更何况，香山寺、香山，想必洛阳也是如此。

这座城里，牡丹正盛。巷陌中行走的人，在汲汲于生汲汲于死时，是否会偶尔想到，一城，一世皆是烟云。也许便会停下脚步，兴致浓烈地在花脉之中放浪形骸，终此一生。

2014“寰行中国”别克 · 中国文化之旅，“弘扬华夏”第 1 日，西安—洛阳。全程 379 公里，从千年古都西安出发，驭连霍高速而行，途经三门峡，一路揽景于中华民族发祥地，最终抵达“千年帝都，牡丹花城”洛阳，体验中华名宴——洛阳水席。（张子凡对此文亦有贡献）

2014 年 10 月 20 日写于北京

寰行中国
|DAY34：西安－洛阳

“弘扬华夏”第一日，西安－洛阳。全程379公里，从千年古都西安出发，驭连霍高速而行，途经三门峡，一路揽景于中华民族发祥地，最终抵达“千年帝都，牡丹花城”洛阳，体验中华名宴——洛阳水席。

三门峡

离开西安之后，寰行中国车队驭连霍高速而行，途经三门峡，三门峡地处中原豫、晋、陕三省交界处，豫西重镇，东与千年帝都洛阳市为邻，南依伏牛山与南阳市相接，西望古城西安，北隔黄河与三晋呼应，是历史上三省交界的经济、文化中心。车队一路揽景于中华民族发祥地，黄河流域的文化记忆赫然跃于眼前。

洛阳水席

洛阳水席始于唐代，与龙门石窟、洛阳牡丹并称洛阳三绝，距今已有千年的历史，是中国迄今保留下来历史最久远的名宴之一。它有两个含义：一是全部热菜皆有汤——汤汤水水；二是热菜洛阳水席吃完一道，撤后再上一道，像流水一样不断地更新。洛阳水席的特点是有荤有素、选料广泛、可简可繁、味道多样，酸、辣、甜、咸俱全，舒适可口。

在体验水席之前，寰行中国队员们首先参观了洛阳水席博物馆，融洛阳水席发展史、水席制作及菜品展示、洛阳水席文化及深远影响于陈列中，展示了洛阳水席源远流长的历史和水席文化产生的深远影响，让队员们近距离了解洛阳水席的历史渊源、发展传承脉络、菜系特点和文化影响。水席共二十四道菜，即八个冷盘、四个压桌菜、八个大件、四个扫尾菜。其上菜顺序是：先摆四荤四素八凉菜，接着上四个大菜，每上一个大菜，带两个中菜，名曰“带子上朝”。第四个大菜上甜菜甜汤，后上主食，接着四个压桌菜，最后送上一道“送客汤”。二十四道连菜带汤，章法有序，毫不紊乱。

洛阳水席继承了中国饮食文化的精髓，注重汤在宴席中的使用，将其发挥到了极致。其菜品、宴式非常独特，且有着深厚的文化内涵，千百年来形成的传说、逸事、掌故，有其完备的文化脉络，菜史共融，其趣天成。如今的洛阳水席已不是一桌单一的美味佳肴，而是一部见证河洛文明发展历史、浓缩饮食文化精髓的教科书。席间，我们不仅品尝到了名扬天下的洛阳宫廷水席，还在一道道汤水之间，感受洛阳传承千年的饮食文化。

寰行中国

DAY35：洛阳－开封

“弘扬华夏”第二日，洛阳－开封。全程191公里，从“牡丹花城”洛阳出发，敬抵洛阳南石山村的唐三彩工作室，在唐三彩博物馆副馆长张舰的带领下，体验彩陶施釉过程，午后沿郑民高速傲驭而驰，最终抵达中国八大古都之一开封。

唐三彩制作

唐三彩是中国唐代时期彩色釉陶艺术品的总称，因其釉色以黄、绿、白三色为主，故后人称之为唐三彩。其种类以人物、马匹、骆驼、器皿最具代表。唐三彩始于初唐，盛于中唐，衰于两宋，至今已有1300余年的历史，其技艺断代历史亦有近千年。

在唐三彩发源地洛阳朝阳镇南石山村，参观了制作工艺流程，不仅领略了唐三彩的前世今身，更感受到了在那一件件精品中所蕴含着的丰富的盛唐文化气息。最后在唐三彩博物馆副馆长张舰的带领下，亲身体验它古朴的手工制作工艺与流程。

唐三彩制作过程主要分为雕塑、制模、成型、素烧、施釉、釉烧、成品等几个部分。雕塑成型车间的师傅们首先根据作品的形态、轮廓、体型进行构思设计，再制作成各种各样的模具，技艺精湛、火候地道。唐三彩需要经过两次烧制，首次烧制出来为白胎，随后再用各种红红粉粉的釉料涂满白胎，放进850℃～950℃的窑中再烧，利用氧化作用，黄、绿、蓝、白等各种色彩都出来了，釉料经过高温自然流下，各种色彩相互交融，流光溢彩。

参观完唐三彩的制作过程之后，寰行中国队员们在现场师傅的指导下，尝试为三彩马素胎施釉，用红、白、绿三种颜色在成型的胚体表面施以釉浆，将唐三彩的胎盘当作淡薄的画卷，展一片笔墨淡香，留一线静谧遐想，将自己对于唐三彩的理解，一笔笔画抹在胎盘上，把现代艺术溶于唐朝深厚的文化底蕴之中，真正体会到了唐三彩的古法制作奥义。

开　封

体验完唐三彩施釉制作之后，寰行中国车队沿郑民高速傲驭而驰，最终抵达开封。开封，至今已有2700多年的历史，拥有“琪树明霞五凤楼，夷门自古帝王州”，“汴京富丽天下无”的美誉，属于中国八大古都之一。

35| 开封：帝国的 11 世纪，最好的 100 年

东京汴梁城，无论是在传统评书里还是在演义小说里，都是一个旖旎的所在。

——文化寻访 · 开封

一提及开封，我便想起汴京。

东京汴梁城，无论是在传统评书里还是在演义小说里，都是一个旖旎的所在。那里酒肆林立、舟船络绎。宋代孟元老在《东京梦华录》里追忆帝国都城的盛况：“雕车竞驻于天街，宝马争驰于御路，金翠耀目，罗琦飘香。新声巧笑于柳陌花衢，按管调弦于茶坊酒肆。八荒争凑，万国咸通，集四海之珍奇，皆归市易，会寰区之异味，悉在庖厨。花光满路，何限春游，箫鼓喧空，几家夜宴？伎巧则惊人耳目，侈奢则长人精神。”

这一切要归功于那个倒霉的景德元年。

景德元年，公元 1004 年，甲辰龙年；契丹统和二十二年；越南应天十一年；日本长保六年、宽弘元年。

这年，天龙降，京师地震，辽大举攻宋，宋辽澶渊立盟，结为兄弟之国。虽然“辽圣宗年幼，称宋真宗为兄，后世仍以世以齿论”，澶渊之盟对帝国来说可谓耻辱，但是结束了长达 25 年的战争，宋辽之间百余年间不再有大规模战事。辽边地发生饥荒，宋甚至会派人在边境赈济。宋真宗赵恒 1022 年崩逝，辽圣宗“集蕃汉大臣举哀，后妃以下皆为沾涕”。

宋真宗是宋太宗赵光义的第三子，生性懦弱，虽为守成之主，但爱好文学，主政期间开创了人文鼎盛的局面，“书中自有黄金屋，书中自有颜如玉”就出自宋真宗勉励读书人的手笔。有宋一代，无论寒门士子，还是农桑人家，学而优者，均可以出入庙堂。

重文、不抑商；长假、国际化；市井、繁华地……帝国有着难以一一列举的可爱之处。北宋以文立国，文人士子治理朝政。文人相轻，虽然政治斗争并无休止，却无一大臣因此被诛。文官出任中央及各地最高行政长官，军队则借前车之鉴，军无常帅，帅无常军。

在帝国的庙堂之上，君臣争论不已；江湖之中，书生指点江山，皇帝们碍于太祖遗训，对大臣们的奏请不会无视且非为。有人说，这是中国知识分子的

黄金时代，“在政治上有理想、文化上有创新、道德上有追求、生活上有保障”。

在我看来，这是中国帝制时代罕见的光辉岁月。

有宋一朝，开创了帝国时代最好的文化光景。北宋无疑是中国历史上科技发达、文化璀璨、艺术繁荣的朝代。陈寅恪先生说：“华夏民族的文化，历数千载之演进，造极于赵宋之世。”因而，北宋名人辈出，文坛群星荟萃，明代学者宋濂称：“自秦以下，文莫盛于宋。”唐宋八大家中，只有韩愈、柳宗元为唐人，其余六人均为北宋人。

这样一个读书人膨胀的年代，图书市场自然会异常繁荣。《东京梦华录》记载：“殿后资圣门前，皆书籍玩好图画”。从北宋汴梁迁往杭州的荣六郎家书籍铺，就位于相国寺东门大街上。北宋亡后，南渡临安。绍兴二十二年(1152年)，荣六郎家书籍铺所刻《抱朴子》中说：“旧日东京大相国寺东荣六郎家，见寄居临安府中瓦南街东，开印输经史书籍铺。今将京师旧本抱朴子内篇校正刊行的无一字差讹。请四方收书好事君子幸赐藻鉴。绍兴壬申岁六月旦日。”

在11、12世纪内，中国大城市的生活是世界上任何城市都无法望其项背。英国历史学家汤因比说：“如果让我选择，我愿意活在中国的宋朝。”有人甚至说，汴京城里的守门人都比欧洲君主更具生活水准。

如果你生活在1000年前的汴梁，不用担心全年无休，东京人元旦、元宵、寒食、清明、端午、七夕、中秋、重阳、冬至……节日一个都不少，“都城以冬至、元旦、寒食为三大节”。不仅如此，公元1009年正月初三还被宋真宗定为天庆节，放假五天。帝国节日的盛况，《东京梦华录》和《水浒传》里都可管窥，就不一一诱惑各位看官了。

在开封，既有皇家园林、市井文化，又有民俗风情、下里巴人。开封全市人口不下百万，城中店铺林立，计有6400余家，街上熙熙攘攘，车水马龙。北宋有十万户城市40多个，其中开封、洛阳、杭州、扬州、大名、应天（今河南商丘）、苏州、荆州、广州、成都、福州、潭州（长沙）、泉州等都是繁华都市，而在前朝唐代十万户以上的城市只有10余个。

据记载，皇城汴京由于防御的需要，建有三套城墙。中心为皇城区，第二重是里墙，最外一重为外城，城墙外是护城河。里城及外城均有宽阔的城壕，里城与外城之间是商贸区与居民生活区。城内居住地段划分为120多个“坊”，以便于对居民的管理。

北宋还打破了唐帝国的宵禁，改变了“坊”（居民区）、“市”（商业区）分区，交易只能在白天市里进行，开始“坊”“市”合一、昼夜不限，有了夜市和晓市。当时开封市内“瓦子”（“瓦舍”、“瓦肆”）里，人声鼎沸。至北宋末年，汴梁共有6处瓦子，最大的是潘楼街的桑家瓦子，其中大小勾栏竟有50余座。瓦子中的伎艺项目有数十种之多，可以归纳为说唱、杂剧、杂技和魔术、影戏、傀儡戏、音乐、舞蹈等门类。

宋词的大行其道正与此息息相关。

虽然词始于唐中期，至五代时已十分风行，但在宋初已经落寞，直到1020年宋真宗、宋仁宗之际流行起来。

如果你回到宋朝，在大型综合性演艺场所“瓦子”里，柳永的词会声声入耳。南宋刘克庄有诗曰：“相君未识陈三面，儿女多知柳七名。”南宋叶梦得有言：“有井水处即能歌柳词。”

在“瓦子”里，也会遇到小唱家李师师、徐婆惜、封宜奴、孙三四等人。瓦子中的小唱大量使用慢词。慢词又称新乐府，是宋词体裁的一种，字数一般多在90字左右，较为通俗化、口语化，适于歌唱表演。与晏殊、欧阳修多写短词不同，柳永大量地创作慢词，有的格调不高，易于流行。想想当年，流连于烟花巷陌之中的柳永，与市妓偎红倚翠浅斟低唱，不亦乐乎。

严复说：中国所以成为今日现象者，为宋人所造十八九。我们被称为汉人唐人，没人说我们是宋人。但我们还是汉人唐人吗？粗线条的、气象宏阔的、虽远必诛的……我们更像宋人：商业的、享受世俗生活的、情感细腻的、注重伦理观念的、不喜欢打仗的……其实我们都是宋人。

……

如今的开封，正在“重塑古都”，就是要再现北宋时期“人口逾百万，富丽甲天下”、“天下之枢，万国咸通”的繁华盛景。

可是，汴梁不是开封。汴梁是汴京、东京……开封，回不了的汴京，做不完的梦。

2014年10月14日写于北京

寰行中国
DAY36：开封－曲阜

“弘扬华夏”第三日，开封－曲阜，全程309公里。从开封出发，敌抵朱仙镇，与美国国家地理频道主持人Harry一起体验制作木版年画，午后沿日兰高速而驰，最终抵达“孔子故里”曲阜。

木板年画

中国年画是一种传统的民间艺术，早在汉代，在门上画门画已形成风俗，含有“御凶”的意思，特别是在旧时农历新年，既说贴上一对门神，可以祈求平安吉祥，同时，也有装饰门板的作用。

开封朱仙镇木版年画是中国木版年画的鼻祖。它用色讲究、色彩浑厚鲜艳、久不褪色、对比强烈、古拙粗犷、饱满紧凑、概括性强等特征。以传统技法构图，画面有主有次，对象明显，情景人物安排巧妙，表现出匀实对称的美感。

在朱仙镇木版年画传承人张延旭的带领下，“寰行中国”的队员们首先领略了木版年画

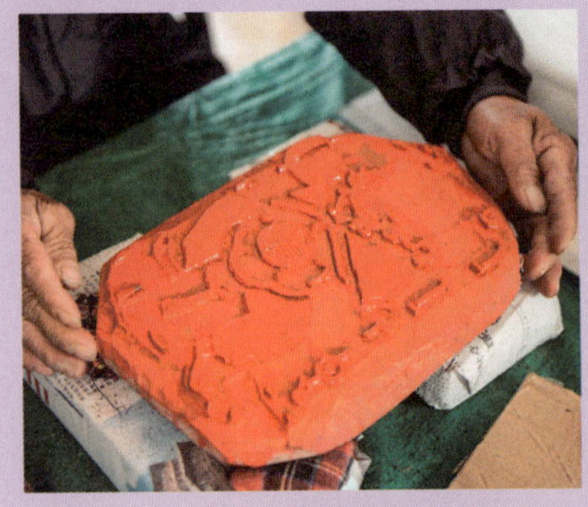

的制作过程。制作木版年画需要裁纸、夹纸、放版和印刷几个步骤，老师傅着重介绍了印刷过程，首先将木板放置在沙袋上，拉平纸张找准版的位置，然后将提刷放到印版上呈圆弧状转动，把色彩刷到木板上，最后抽出宣纸平放在木板上，拿趟子平推纸面即可。

木版年画的手法看似简单，但每一个细节都是经验的传承和时间的累积。在互动环节中，“寰行中国”队员们和美国国家地理频道主持人Harry一同体验了木版年画的制作，在制作之前，Harry为大家传授了他的木版年画制作心得：无论准备印哪种颜色，印刷时刷子蘸色都不要太多，画板如果过湿，则会造成跑色；但也不能太少，以免画板太干造成颜色不匀，出现花版现象；另外抻纸时要力量适中，纸要拉平，不可塌陷，否则会弄脏画面。

每位“寰行中国”的队员们都将自己溶于古法之中，制作出了属于自己特色的木版年画，最后再一起敲上“寰行中国”的印章，无不沉浸在传统民间艺术的魅力中，通过制作木板年画来挖掘其背后故事，梳理文化脉络，弘扬华夏文明，意义深刻。最终，在与Harry进行互动制作木版年画的寰行中国队员中，由朱仙镇木版年画传承人张延旭挑选出了三位制作最精良的队员，一同合影留念。

曲　阜

体验制作完木版年画之后，“寰行中国”别克·中国文化之旅沿日兰高速而驰，最终抵达“孔子故里”曲阜，东连泗水，西抵兖州，南临邹城，北望泰山，曲阜内的孔府、孔庙、孔林统称“三孔”，是儒家文化的发源地。

36| 曲阜：没落的孔子，闹腾的城

庙以崇先圣，学以明人伦。

——文化寻访·曲阜

“鲁城中有阜，逶曲七八里”，提及这个有着 5000 多年历史的曲阜城，就不能不提及孔子。

“天不生仲尼，万古长如夜”，这句古人对孔子的评价，似乎高估了这位先师。倒是胡适的评价中庸，他在《孔丘》白话诗里说：

“知其不可而为之，”
亦“不知老之将至。”
认得这个真孔丘，
一部《论语》都可废。

在孔庙、孔府、孔林，游人熙熙往往，皆为孔来，商家鳞次栉比，皆为利往。表面上看，这里盛极一时，其实这是孔家没落的一代，而孔子则告别了在帝国的思想正途地位，真正地屈居“孔老二”。

公元前 479 年，“孔老二”仲尼辞世。次年，鲁哀公将孔子的三间旧居改作庙堂，帝国迎来了第一座孔庙。鲁哀公没有想到，自己的人伦之举成为中国孔庙的发轫。至清末，帝国的 1560 多所孔庙到处都是读书人鞠躬的背影。

孔丘没有想到，生前郁郁不得志，以致被郑国路人称为“丧家之狗”，却身后哀荣。孔庙从家庙蜕变为“国庙”。公元前 195 年，汉高祖刘邦亲临曲阜孔庙祭孔，首开帝王祭孔先河。“罢黙百家、独尊儒术”后，曲阜孔庙成为当然的施政标签。东汉桓帝元嘉三年（153 年），桓帝下诏修建曲阜孔庙，第一次任命了由国家管理曲阜孔庙的行政长官孔和。魏黄初二年（221 年），魏文帝曹丕“令鲁都修起旧庙，置百石卒以卫之，又于其外广为屋宇”。北魏太和初年，孝文帝下诏全国各郡县学均祀孔子，帝国的学子都奉孔子为先师。太和十三年（489 年）孝文帝在其都城“平城”（今山西大同）立“先圣庙”，这是在曲阜以外建立的第一个孔庙。自此，孔庙在中国遍地开花。

南北朝时，北周在帝都长安兴建孔庙祭孔。北齐太祖高皇帝在其境内兴建孔庙祭孔，诏封孔子为“素王”，孔子封“王”。

唐太宗尊孔子为“先圣”，以颜回为先师，并且准房玄龄议停周公祀，在学校内专祀孔子。贞观四年(630年)又下诏“州县皆特立孔子庙，以左丘明等二十二人从祀”。诸儒从祀孔子礼制由是开始。唐玄宗开元二十七年(739年)追溢孔子为“文宣王”，孔子二度封“王”，弟子们被封公、侯、伯等爵位。孔子像披王者之服，祭祀用宫悬之乐。孔庙亦称文庙(即文宣王庙)。

令人意外的，西夏国仁孝皇帝在人庆三年(1146年)下诏封孔子为“文皇帝”，这是孔子唯一一次获得的封“帝”。

文化蛮荒的元代却尊孔到了极致。元大德六年(1313年)至大德十年(1317年)在京师大都建造专供帝王祭孔的庙宇。元代还加封孔子为“大成至圣文宣王”。大元年(1308年)武宗在加封的诏书中称:“先孔子而圣者，非孔子无以明，后孔子而圣者，非孔子无以法。所谓祖述尧、舜，宪章文武，仪范百王，师表万世者也，可加封大成至圣文宣王”(《续文献通考卷48,学校二》)。这一封号被题在了墓碑上“大成至圣文宣王之墓”。

“至圣先师”的封号开始于明代，清代则称“大成至圣文宣先师”、“至圣先师”。孔子由“王”而“师”。

正所谓“千年礼乐归东鲁，万古衣冠拜素王”，从汉高祖首开帝王祭祀孔子先例到清乾隆共有 12 位皇帝 20 次亲临曲阜祭孔。

清季，自康熙皇帝始，每一任皇帝都书有匾额，曲阜孔庙大成殿内和北京国子监文庙大成殿内至今保存九块御匾。

康熙帝书“万世师表”匾额

雍正帝书“生民未有”匾额

(雍正皇帝于雍正元年(1723年)为孔庙大成殿御题“生民未有”匾，意思是孔子的影响前无古人。渊于《孟子》一书:“自有生民以来未有孔子也。”)

乾隆帝书“与天地参”匾额

(语出儒家经典《中庸》:“立天下之大本，知天地之化育。”)

嘉庆帝书“圣集大成”匾额

(语出《孟子》:“……集大成也者，金声玉振之也，金声也者，始条理也，玉振之也者，终条理也，始条理者，智之事也。终条理者，圣之事也。”)

道光帝书“圣协时中”匾额

(语出《孟子》:“伯夷，圣之清香者也;伊伊，圣之任者也;柳下惠，圣之和者也;孔子，圣之时者也。”)

咸丰帝书“德齐畴载”匾额

同治帝书“圣神天纵”匾额

光绪帝书“斯文在兹”匾额

(语出《论语》:“文王既没，文不在兹乎。天之将斯文也，后死者不得与斯文也。”）

宣统帝书“中和位育”匾额

2014 年，孔子 2565 周岁。我在 9 月 24 日参观了武威孔庙。武威文庙被称为陇右学宫之冠，不仅是河西四郡之首，也是中国三大文庙之一。无论是我参观过的南京夫子庙还是曲阜孔庙，其固定建筑应该有：万仞宫墙、大成门、大成殿、崇圣祠、明伦堂等，无论国庙曲阜孔庙还是各地学庙，概莫能外。

曲阜孔庙门前的金声玉振坊（金声是节奏旋律的开始，玉振是节奏旋律的终结。旋律的开始是智的表现，旋律的终结则是圣的体现。此名象征孔子集古圣贤之成就而一身）。从这里进孔庙，连续经五道门和奎文阁到十三碑亭，先是棂星门，题额是乾隆御笔，门内有两座石坊；再是圣时门，清世宗皇帝钦定此名；三是弘道门，明洪武十年孔庙的大门，清雍正钦定命名；四门称大中门，金代孔庙的正门，清乾隆年间重建且御题门额；五门称同文门，是宋代孔庙的大门。同文门之北有奎文阁，始建于宋，金重修时改为现名，清乾隆重新题匾，阁内存放历代帝王御赐的图书墨迹和珍版古书。阁前有两座御碑亭，著名的明“成化碑”就在这里。

孔府大堂是衍圣公迎接圣旨、接见官员、审理案件、举行节日仪式的场所，也是孔府权力的象征和宗法统治的中心。堂内正中悬挂一块“统摄宗姓”匾，刻有清世祖谕旨。北面摆放着衍圣公众多的云版、銮驾。

据称，孔府差员只要手持任何一个云版、銮驾进京，可以畅行无阻，直接求见皇帝。大堂往北分别是二堂、三堂，是衍圣公会见四品以上官员、宣示典章礼仪、处理家事的地方。堂内有康熙和乾隆皇帝御赐“节并松筠”和“诗书礼乐”的雕龙金匾。有光绪帝所赐“福寿”字碑，慈禧太后所赐“寿”字碑及“松鹤图”“九桃图”碑，还有乾隆帝为孔府六代同堂所题写的“六代含饴”木雕金匾。

孔庙累代重修，绵延不绝，这个家族的强大的不可思议。无论是城头变幻大王旗还是雷火之灾几成废墟，孔家在 2500 多年里传承有绪，连皇帝们都迫不及待地与这个家族拉近关系。孔庙及尊孔，是帝国的精神食粮，事关社稷，缺少了这个符号，无以果腹。

曲阜围绕着孔子荣辱了2500多年，家族墓地孔林曾比曲阜城还要规模宏大，鲁国都城早已被人淡忘。如今，孔庙、孔府、孔林，依然成为这个城市里无法抹去的标签，不同的是，以前是为帝国而活，现在为自己。

七八年前到曲阜就已经感觉到了这个城市烦躁的商业氛围，甚至与导游配合，出现有诈骗性质的“算命人”。

其实，这并不是孔子的儒家传承。儒家“入世”，不追求前生、今生和后世，只讲今生今世。曲阜的算命人却打着孔子的旗号行骗，与这个城池力图恢复的传统气质不符。

曲阜这个极力入世的城市，如同孔子的性格一样，与庄子相比，没有人格的超逸潇洒、语言的汪洋恣肆；与孟子相比，缺少在权力面前的自尊，更缺少“民为重，社稷次之，君为轻”的政治远见和平民关怀；与韩非子相比，孔子圆滑、虚伪、甚至不乏狡诈，没有韩非子的直率、犀利和反讽的才华；与墨子相比，孔子没有以平等为理想的民粹主义和道德自律。

“达则兼济天下，穷则独善其身”“学而优则仕，禄在其中”……我们都是孔子的传人，像极了他。

2014 年 10 月 22—23 日写于北京

寰行中国
DAY37：曲阜

“弘扬华夏”第四日，深入探访曲阜，前往曲阜国学院，对话段炎平院长，探讨儒学之道，体验汉服礼仪魅力。午后观抵孔府孔庙，一览中国渊源最古、历史最长的一组建筑物，将儒家文化的发展与传承尽收眼底。

探讨儒学之道，体验汉服礼仪魅力

“孔子开创的儒家思想，博大精深，影响深远。即便在 21 世纪的今天，我们还是要回到 2500 多年前，学习孔子的儒家文化。”在曲阜国学院，“寰行中国”别克·中国文化之旅团队有幸与院长段炎平一同探讨儒学之道，段炎平着重讲述了孔子的人物生平，从贵族出生到早年经历，从离开鲁国到周游列国的种种经历，并将孔子的轶事典故穿插于其中娓娓道来，全面剖析了儒家思想。

“有服章之美谓之华，有礼仪之大谓之夏。”在讲座之余，曲阜国学院还特地为寰行中国的队员们准备了一堂汉服礼仪课，在段炎平的带领下，队员们纷纷穿上神韵优美的汉服，学习士相见礼、大揖礼、跪拜礼等汉服礼仪，并在圣贤大讲堂中一同参拜圣人孔子，深入体验了汉服礼仪的魅力。

孔 庙

曲阜孔庙，是祭祀中国春秋时期的著名思想家和教育家孔子的本庙，位于孔子故里、山东曲阜城内，又称“阙里至圣庙”，历代增修扩建，经 2400 余年而祭祀不绝，是中国渊源最古、历史最长的一组建筑物，也是海内外数千座孔庙的先河与范本，与相邻的孔府、城北的孔林合称“三孔”。

曲阜孔庙以其规模之宏大、气魄之雄伟、年代之久远、保存之完整，被建筑学家梁思成

称为世界建筑史上的“孤例”，现为世界文化遗产，与北京故宫、承德避暑山庄并列为中国三大古建筑群。

“寰行中国”一行徜徉在古柏参天、石碑林立、崇基高堂的孔庙里，被其规模之宏大、气魄之雄伟、年代之久远、保存之完整所折服。从金声玉振坊起，由南向北依次要穿越棂星门、太和元气坊、圣时门、过壁水桥，进大中门后，再经奎文阁、十三碑亭、大成门、杏坛、大成殿，全都透发着历史的气息。触摸历史、文化的脉搏，以宁静淡泊之心感受儒家文化的博大精深。

孔 府

孔府又称衍圣公府，位于孔庙的东侧。孔府是孔子嫡系子孙居住的地方。现在的孔府基本上是明、清两代的建筑，包括厅、堂、楼、轩等463间，共九进院落，是一座典型的中国贵族门户之家，有号称“天下第一人家”的说法。孔府是孔子嫡孙的官署，孔子嫡孙一向以“礼门义路家规矩”相标榜，恪守诗礼传家的祖训；建筑也受到儒家礼仪的制约，留下儒家宗法制度与伦理观念的烙印，“一贯堂”、“忠恕堂”、“安怀堂”等既赞扬孔子的忠恕思想和使人安乐的政治理想，又显示孔子嫡孙努力仿效的决心，“东学”、“西学”，既赞扬孔子创学设教的功绩，又表明孔子嫡孙继承诗礼传。

孔府内处处体现着儒家思想，寰行中国队员们穿行于其中，将儒家文化的发展与传承尽收眼底。

37| 潍坊：郑板桥手中不只有狼毫

在这里，文人手中不仅只有狼豪，他们还攥着一只风筝。

——文化寻访·潍坊

1746 年，郑板桥初次来到潍县时，口音里吴侬软语的味道还是过于浓郁。山川清秀、景色明丽似乎是所有文人的诉求，仿佛涌动着生生不息的脉搏，滋润着那些字字珠玑、句句温润。可是，饮食、吃茶、赏月，甚至花前月下、山盟海誓都需要讲究天时地利。可潍县，除了天空中飘着一只风筝外，一马平川的过于直白。

郑县令心中实在不满，甚至面露愠色，便写下这首《恼潍县》："行尽青山是潍县，过完潍县又青山。宰官枉负诗情性，不得林峦指顾间。"

也难怪，一生沉浮落魄的郑板桥，起于困苦，直至 44 岁才考取功名，50 岁方能补缺出仕，本想谋个"林峦指顾间"的胜地为官，却不得其所。郑板桥初任潍县县令就遇上了山东东部连年大灾：海水倒灌、庄稼歉收，一年后又遇大旱，旱过次年成涝……一连串的灾难，让潍城饿殍无数，苦不堪言。

是年，山东大饥，人相食。

现实的逼仄难以让人顾及才情与理想，帝国民众的疾苦如同愈演愈烈的大火，灼烧着板桥的内心，板桥对饥饿的记忆有着刻骨铭心的快速反射弧，他会想起自己饥贫而死的儿子，会想起自己 4 岁丧母、14 岁丧继母的身世，会想起在扬州无人问津的画作。没有坐而论道，这位大器晚成者：开仓赈贷，利用国家储备粮库的粮食赈灾；敦促官员主动捐款；要求有粮富户平价卖粮；广开粥厂，让富户煮粥发放饥民；避免饥民变流民，兴修加固潍城县城。郑板桥不仅满腹经纶，亦有着理政韬略。

"衙斋卧听萧萧竹，疑是民间疾苦声，些小吾曹州县吏，一枝一叶总关情。"他在《潍县署中画竹呈年伯包大中丞括》的画中题诗传诵不绝，虽然这位书画小吏将帝国民间的疾苦视为事关"一枝一叶"的大事，但帝国的政治生态不会迁就治世文人的政治理想，板桥的潍县仕途画上了休止符。

七年，郑板桥与潍县的命运紧紧相连。时间不算长，但也不算短，足以看清生活中隐喻与晦涩的一些春秋笔法，如同一面慢慢散去雾气的镜子，露出真面目。

没有灾情的日子里，这位诗人便发现了潍县骨子里的热闹与生机，再念起潍县时便充满温情眷念：“纸花如雪满天飞，娇女秋千打四围。五色罗裙风摆动，好将蝴蝶斗春归”，把潍县的风筝特点和放风筝的风俗尽览纸上。在扬州，晚年郑板桥与潍县完成了情感交付，他说：“相思不尽又相思，潍水春光处处迟。隔岸桃花三十里，鸳鸯庙接柳郎祠。”

在潍县，文人就这样被温柔以待。因为在这里，文人手中不仅只有狼豪，他们还攥着一只风筝。

※

当第一只风筝飞上天空的时候，鲁国大思想家墨翟或许还在想着兼爱非攻、天志明鬼的辩证关系，在道、儒、法的交融里不断滋养繁茂。战乱频仍、民不聊生的岁月里，这种哲思的探寻与实践似乎是对自由和文明最高调赤裸的告白。毕其一生为理想上下探索，如同一只风筝般凌空入天，闪耀着骄傲与智慧的光芒。

而这位思想家手中“斫木为鹞，三年而成，飞一日而败”的风筝，随着墨家弟子公输班（又称鲁般、鲁班）加以改进，用竹为材料制成“竹鹊”，能在空中飞三日之久。

在漫长而寡味的历史里，潍坊的风筝逐渐鲜活与红润起来，一下子便激起了生活原本的情致与欢乐。贴纸、纸塑浮雕、剪纸、描金银、加纸花，中国元素里所有的美好与艳丽都呈现在飞翔的姿态里了。葫芦、白果壳做成哨子，个数、大小不一地装在风筝上，发音雄浑，周围几里均能听到。“水初泮，桃李葩吐，杨柳烟含，凌空纸鸢，高入云端。”（《潍县志稿》）想必在这样的春日里，当年河边浣衣的少妇看到一只风筝顾盼生姿的摇曳在没有雾霾的天空里，也能体味到远方的离人吧。

生活在这里肆意呼吸与伸展蔓延，欣欣向荣如同盛装出席于岁月之中，那诞生于此的张择端，画出《清明上河图》那样的风俗世情，自然顺理成章。

※

可潍坊不仅只有风筝，这里还有有着一身清骨与才情的文人。

在潍县做了六年北海相的孔融，政绩上乏陈可善，文名却盛。这本无可厚非，作为孔子二十世孙，少有才名。孔融让梨的故事足已使他家喻户晓，即便是有的中大夫不以为然“小时了了，大未必佳。”孔融也能从容而自信地想出“想

君小时，必当了了”的精彩驳词。

这位被曹丕评为“体气高妙”的建安七子之首，有着当时几乎所有文士的命运：爱评时弊，却无治世之才。他没有如嵇康、阮籍一般清谈析理、任纵虚诞，却在兵临城下的处境里，还有襟怀对教育孜孜追求，对政客犀利评判。曹操深知清谈误国，手中的权力如同酒杯一般应声而落，一纸公文便结束了这位文人的性命。

当然，潍县所能谨记的并不仅仅是才情，而是一段人生。

据说，山东莱州的云峰山上，郑板桥于此提下“难得糊涂”[①]，或许这样

① 据说，“难得糊涂”四个字是在山东莱州的云峰山写的。有一年郑板桥专程至此观郑文公碑，流连忘返，天黑了，不得已借宿于山间茅屋。屋主为一儒雅老翁，自命“糊涂老人”，出语不俗。他的室中陈列了一块方桌般大小的砚台，石质细腻，镂刻精良，郑板桥十分叹赏。老人请郑板桥题字以便刻于砚背。板桥认为老人必有来历，便题写了“难得糊涂”四字，用了“康熙秀才雍正举人乾隆进士”的方印。

因砚台地，尚有许多空白，板桥说老先生应该写一段跋语。老人便写了“得美石难，得顽石尤难，由美石而转入顽石更难。美于中，顽于外，藏野人之庐，不入宝贵之门也。”他用了一块方印，印上的字是“院试第一，乡试第二，殿试第三”。板桥一看大惊，知道老人是一位隐退的官员。有感于糊涂老人的命名，见砚背上还有空隙，便也补写了一段话：“聪明难，糊涂尤难，由聪明而转入糊涂更难。放一著，退一步，当下安心，非图后来报也。”

的心态是最为明智与清晰的处世之道。帝国的百姓在苦苦斗争饥饿与贫穷，帝国的官场却在尔虞我诈攀附权贵和前程，郑板桥闭上眼睛所想到的，便是向着高高飞翔的风筝默念着“难得糊涂”，聊以慰藉。

赵明诚与其夫人李清照多年旅居青州，度过了他们最为甜蜜的岁月；苏轼的《水调歌头 明月几时有》便是在诸城所作。诸城刘墉，清乾隆、嘉庆两朝重臣，官至体仁阁大学士，以奉公守法、清正廉洁、峭直敢谏的形象活跃在银屏。刘墉祖籍徐州府砀山县（今安徽省砀山县）大刘家村，后至山东诸城逄戈庄（今属高密）。刘墉曾祖父刘必显为顺治年间进士，祖父刘棨（qǐ）曾担任过四川布政使，在康熙朝为官，父亲刘统勋官至东阁大学士兼军机大臣，乾隆帝评价他：“遇事既神敏，秉性复刚劲，得古大臣风，终身不失正。”

说这些，其实是想告诉大家一个被忽视的潍坊。言潍坊必提风筝，忘记了这个城市还有核雕艺术，还有莫言、江青；忘记了它还以“二百只红炉，三千铜铁匠，九千绣花机，十万织布机”闻名；忘记了这是清乾隆年间与“南苏州”齐名的“北潍县”。

※

如今的潍坊确实承载了太多。曾经有一首英语歌曲《We Found Love》在网上被翻译为《潍坊的爱》，歌词被戏谑为——

清脆的萝卜是我的爱，绵绵的浮烟山下百花开，谁们家的风筝，是最呀最摇摆，哪儿烙的火烧才是最开怀。弯弯的白浪河从天上来，流向那万紫千红一片海，绿油油的青菜是我们的最爱，一路边走边唱才是最自在。

在网上，也有不少人对潍坊女孩评价说，她们大方、直爽、有家教，甚至有排行榜将潍坊女孩列为山东美女之首。

2010 年，我曾在其辖内诸城市住过四日，遍访了当地遗迹和主要村镇，其井然有序不失醇厚，令人不易忘怀。

但是，今日潍坊给人的感觉又是模糊的，很难让人一下子说出它的特点，倒是这个城市下辖的青州市、诸城市、寿光市、安丘市、高密市、昌邑市，个个都是精神抖擞不缺古风，比如昌邑市的历史可以追溯到商代，昌邑博物馆藏有商代末期的邓共、明代孙昂墓出土的随葬石俑、黄元御《伤寒悬解》手稿等。

相比较而言，潍坊市仿佛是一个简单的外壳，没有涂饰，而内部则五彩缤纷、各有味道，既让自己归于平淡，又让小伙伴们各显路数。对于远离故乡的潍坊人，他们说出诸城市、寿光市、安丘市、高密市、昌邑市，想必都能有回响。他们不用从更大或邻近城市寻找故乡，这是幸福的。

2014 年 10 月 24 日写于北京、11 月 22 日改于北京

寰行中国 |DAY38：曲阜 - 潍坊

“弘扬华夏”第五日， 曲阜－潍坊。全程 330 公里，从曲阜出发，抵达潍坊，在潍坊核雕艺术家张温和的带领下，一同体验汉族民间微型雕刻工艺——核雕，领略方寸间的精湛技艺。

潍　坊

潍坊，古称“潍县”，又名“鸢都”，位于中国第一大半岛山东半岛的中部，与青岛、淄博、烟台、临沂等地相邻。潍坊也是中国风筝之乡，制作历史悠久。

在当地，与风筝齐名的传统手工艺品就是核雕。午后，别克寰行中国车队一起体验了潍坊的城市名片之——核雕制作工艺。

核雕制作工艺

核雕是中国汉族民间微型雕刻工艺。以桃核、杏核、橄榄核等果核及核桃雕刻成工艺品。

作为汉族传统特种工艺瑰宝之一的核雕艺术源远流长，宋代中期就有文字记载，到明清达到鼎盛，近代以山东潍坊的核雕最为有名。

“潍坊核雕”以桃核为材料，巧妙利用核胚上纵横无序，深浅不定的纹理，雕刻出栩栩如生的景物形象，如山水、人物花鸟等立体造型，以及刻化历史人物、神话故事、吉语印章等。核雕作品布局简练，朴实大方，概括性强，有融天地万物于方寸之间的精髓。

“潍坊核雕夺天下，全凭细心巧安排。只要世上有形物，皆可入得核雕来。”潍坊核雕艺术家张温和借天然之巧纹，皆天意而表达，随意而造型，塑造出类万物之情的含义，缩小山川之秀珍，容纳百川之胸怀。书不尽言，言不尽意，以刀代笔来表达中华民族的吉祥寓意及吉祥图案。

“襄行中国”队员们在潍坊核雕艺术家张温和的带领下，亲手体验制作了一把精致的核雕小锁，各位队员通过手中的刻刀尝试将一枚枚小小的果核化腐朽为神奇，雕刻出一枚枚属于他们自己的核雕作品，领略方寸间的精湛技艺，体验汉族民间艺术的魅力。

38| 烟台：在蓬莱想起，帝王向岁月宣战

◤先民们不再只把长长的时光磨制一个耒耜，而是试图去解释生老病死、日月星辰的无常和轮回。◢

——文化寻访 · 潍坊

蓬莱总是让人梦游千载。这个位于渤海、黄海之滨的所在，让人仙侠神游了几千年。如果说，岳阳楼与中国“贬官文化”素来有荣辱与共的束缚力和共通性，那么蓬莱与“游仙文化”似乎有着与生俱来的命脉相连。

从旧石器时代第一双望见星辰遐想的眼睛开始，先民们不再只把长长的时光磨制一个耒耜，而是试图去解释生老病死、日月星辰的无常和轮回。生与死，从事实到因果，从今世到往生，向神灵祷告，求天地垂怜，人类的仪式感萌发了起来。

中国游仙文化便自此诞生。人们逐渐相信最牢不可破的不是物质，而是希望。而这种希望就恰恰在蓬莱落地生根、枝繁叶茂。

《史记 ·封禅书》中说:“天下名山八，而五在中国，三在夷蛮。”蓬莱、方丈、瀛洲——《山海经》中记载的三神山对战国诸侯们散发着神秘而古老的诱惑力。

在江山与美人的博弈之间逐渐老去的秦始皇，停留于岚光水色、空灵道骨的琅琊时终于按捺不住了，便以自己的帝王之权对岁月发起了宣战。即便方士徐福只是个左右逢源的江湖术士，只需要“茅初成”和“茅盈”两个人的友情出演和揭皇榜的勇气，八面玲珑的说辞也能顺水推舟地成立。

送走了徐福的秦始皇翘首以盼，深切地渴望徐福携带不老药归来，好让自己这个始皇帝能够永远地统治这片亘古未有的广阔疆土。到了秦始皇二十三年，两手空空的徐福带回的只有仙人嫌礼薄的谎言。于是，传说中的三千童男童女、五谷种子、数百名精通各种技艺的能工巧匠，以及善弩的射手跟着一个翻手覆雨的方士再次出发，从此杳无音讯、一去不返。只

留下《史记·淮南王衡山王列传》中“资之五谷种种百工而行。徐福得平原广泽，止王，不来”的记述。再后来，从日本新宫市徐福公园内的徐福雕像的铸造，我们才得以重新定位了那个在秦始皇面前游刃有余的方士。当年打着寻找长生不老药丸的旗号，却阴差阳错促成了一代弥生文化的形成，使日本由蛮荒之地飞跃进了文明社会，这对于日本岛国来说，是一个无量的福荫。

汉武帝时期，求仙之风似乎愈演愈烈。 据《汉书》 记载，汉武帝海上巡幸活动约有八次，历时 23 年，却似乎只是上演无功而返的闹剧，一次次的求仙无非预示着日益繁重的惧怕与日渐衰老的体魄罢了，还有一次次失败后绝望的心情。太初元年（公元前 104 年），他在第五次巡幸海上到达登州时，命人筑城一座，称之为“蓬莱”，以聊充饥渴。

从此，人世间有了一个实实在在的地名——蓬莱。明人注唐代杜佑《通典》：“汉武帝于此望海中蓬莱山，因筑城以为名。”不过，汉武帝临死前两年终于幡然醒悟：“天下岂有仙人，尽妖妄耳！”于是“悉罢方士求仙事”，为秦汉求仙热潮画上了句号。

对一生汲汲的求仙之事，汉武帝也曾在太始三年用笔墨记录成“象载瑜”（一曰《赤雁歌》）：

象载瑜，白集西，食甘露，饮荣泉。赤雁集，六纷员，殊翁杂，五采文。神所见，施祉福，登蓬莱，结无极。

可似乎比这首诗意义更大的，却是清清楚楚印刻在“蓬莱”城上的中国游仙文化的纹理，从此作为一种民族符号，枝繁叶茂。

文人似乎最擅长把生死体悟诉诸笔墨之间，狼毫一挥，便是一辈子的俗世悲喜。蓬莱市城北一公里处的丹崖山巅，蓬莱阁上，便有着数不清的楹联、碑文、石表、断碣，翰墨流芳。苏东坡的“东方云海空覆空，群仙出没空明中。荡摇浮世生万象，岂有贝雀藏珠宫”，袁可立的“纷然成形者，或如盖，如旗，如浮屠，如人偶语，春树万家， 参差远迩，桥梁洲渚，断续联络，时分时合，乍现乍隐，真有画工之所不能穷其巧者”，都是对海市蜃楼最虔诚的绘本。

距离蓬莱最近的一次“海市蜃楼”也有近十年了。可即便没有这些，蓬莱还是如仙境一般存在着：层崖千仞，重溟万里，浮波涌金，扶桑日出，霁河横银，阴灵生月，烟浮雾横，碧山远列，沙浑潮落，白鹭交舞，游鱼浮上，钓歌和应。仰而望之，身企鹏翔；俯而瞰之，足蹑鳌背。听览之间，恍不知神仙之蓬莱也，乃人世之蓬莱也。上德远被，恩涵如春，恍若致俗于仁寿之域，此治世之蓬莱也。后因名其阁曰蓬莱，盖志一时之事，意不知神仙之蓬莱也。

神仙之蓬莱，抑或人世之蓬莱，似乎都不是最准确而毫无争议的定义。或许“人间仙境是蓬莱”才是它最真实的称谓和鲜活的标签，飘扬在历史风沙之中，历久弥新。

寰行中国

DAY39：潍坊－烟台

“弘扬华夏”第六日， 潍坊－烟台，全程268公里。从潍坊出发，抵达六条线路的终点站——烟台，散揽“人间仙境”蓬莱阁，将厚重的历史文化积淀和苍茫豪放的山海风光尽收眼底。

蓬莱阁

“人间仙境是蓬莱？远道而来景自开。碧海平明无幻影，丹崖山外起楼台！”蓬莱阁是中国古代四大名楼之一，素以“人间仙境”著称于世，其“八仙过海”传说和“海市蜃楼”奇观享誉海内外，阁内文人墨宝、楹联石刻，不胜枚举。

丹崖仙境：蓬莱阁高踞丹崖极顶，其下断崖峭壁，倒挂在碧波之上，偶有海雾飘来，层层裹缠山腰，画栋雕梁，直欲乘风飞去。游人居身阁上，但觉脚下云烟浮动，有天无地，一派空灵。前人诗云：“嵯峨丹阁倚丹崖，俯瞰瀛洲仙子家。万里夜看日赐谷日，一帘晴卷海天霞。”

如果说东极岛接收的是中国的第一缕阳光，那蓬莱的宾日楼就是观赏日出的绝好之地。这个八角双层砖木结构楼阁式建筑，楼体八棱，可观八面景致。历史上更是有众多名句来描绘“日出扶桑”的壮丽磅礴，如苏轼的“宾出日于丽谯，山川炳焕”。

行走于蓬莱，站在蓬莱阁上，遥望整座蓬莱城，队员们感受到的不仅是八仙过海抑或是徐福求药这些神话故事，更是一种真真切切的蓬莱精神，亲临蓬莱阁，将厚重的历史文化积淀和苍茫豪放的山海风光尽收眼底。水门、放浪提、平浪台、码头、灯塔、城墙、炮台、护城河等海港建筑和防御性建筑也把我们拉向那个年代，戚继光训练水军，抗击倭寇的情景犹如昨日。

至此，“寰行中国”别克·中国文化之旅，第六条线走到了终点，创造是“弘扬华夏”线传达给我们的精神，西安到烟台处于中国文化史上的脊梁地带，蕴藏着中国文化中持续了数千年生生不息的创造力。

从2014年6月18日开始，“寰行中国”别克·中国文化之旅车队从上海启程，沿长江西行，寻找都市文韵间的进取精神；探奇巴楚领略山壑险峻间的敢为心；灵走川藏体会汉藏文化的融合，顺黄河东进，于雪域天路思辨内心的包容；梦回西域交汇中西文化的大同；弘扬华夏感叹中华文明的创造力，走过16个省和自治区，最高海拔5320米，1.2万公里。中国之美，一静一动，既有雍容典雅，又有壮美洒脱，广袤的土地，却有着和而不同的风景和文化，希望通过这次非凡旅程让更多的人得以看见中国之美，中国文化之美。

后记

我们为什么要寰行中国

我们穿过上海老建筑里的宁静和传承，踏路进取。

泾县艺人秘传技法，造就了宣纸上的泼墨如飞、纸寿千年；黄梅飘香、窑火淬瓷，传承了一袭相承的腔调，生生不息。

这里的都市文韵，不曾暗淡。

探奇巴楚，在这里。

从楚墓帛画上简练流畅的线条，到土家山寨吊脚古朴的轮廓；

从阆中古城拥阆苑仙境却内敛含蓄，到恩施大峡谷奔放深邃却神秘恻隐。

巴楚之地，古墓、峻岭和纤夫；瑰宝、大王和爱情，山路千仞，勇者敢为。

我们再出发，灵走川藏，融合的血脉一路延展。

羌笛悠然，灵物崇拜；藏地风情，高原之上。在这里，文化神秘而璀璨……

即将逝去的文化遗产，我们一路追寻。一脉犹存，仍能作为。

不止悠游于道，我们带着温度与态度，跨越山壑与距离，触摸遗存和景致，探索艺术和文化。

在路上，持续前行。

……

这是我受邀为别克昂科威西岭雪山上市发布会写得一段“台词”。那时，2014“寰行中国”别克·中国文化之旅未及半程，我对未来的行程充满憧憬。在西岭雪山的发布会现场，我作为“演员”，接受了一个藏族家庭敬献的哈达。后来，这条哈达陪伴我穿越艰险的318国道、踏过川藏线，让我在每一个危险时刻化险为夷。2014年8月28日的成都之行，也因为有特殊意义和文化内涵，取代美女、美食，成为我记忆里最深刻的成都。

“寰行中国”赋予了我对成都更深刻的记忆，同样的城市（镇）多达38座。我们常说，回不去的故乡和看不见的城。而此行，不仅看到了故乡的影子，也看到了一个个的中国之城，读万卷书，更需行万里路，知行合一，才能发现“回得去的故乡”和“看得见的城”。

※

“父母在，不远游”，但“游必有方”。

作为国内迄今历时最久、里程最长、规模最大的文化之旅，“寰行中国”别克·文化之旅通过“都市文韵”“探奇巴楚”“灵走川藏”“雪域天路”“梦回西域”和“弘扬华夏”六段行程，对传统文化中的进取、敢为、融合、包容、大同、创造的精神内涵进行了探讨与体验。从 2014 年春末跨越到秋初，别克以寰行中国的方式，去寻访中国的文化遗存、文化标志、文化人物，开创了全新的中国文化之旅。

虽然我接受别克的邀请参与到这项活动中，但我无意为其吹捧，我愿意称其为令人尊敬的企业。因为，这是别克在中国 100 年的缩影：经历了从贵到雅，从贵胄之选到文化使者，从庙堂之高到田野考察的过程。这一进程，不是为了放下的身段，不是为了迎合潮流，而是为了提醒和触摸，为了关怀和记忆。因为，当下的中国，物质在膨胀，文化在挣扎；经济在进步，文明在闪身。作为从诞生之初就一直致力于与中国传统文化交融的别克品牌，没有选择做时代的局外人。

一个品牌有一个品牌的时代使命。在民国时代，别克所代表的美式汽车文化影响了中国的各派政要和商贾名流。100 多年前的 1912 年，从美国流亡归来的孙中山在上海乘坐别克汽车。80 年前的 1930 年代，张学良、赵一荻驾驶浅米色帆布软顶敞篷别克车，沿着上海外滩出行。别克汽车凝固了那个年代的风雨变幻，影印出一篇篇民国泛黄的历史，它亲历了战争的呼啸，也浸润着岁月的芳泽，为世纪之初的中国展示着别克引领世界汽车造型和功能的演进。

直至 1997 年 6 月 12 日，别克的社会主义中国之旅才再次启程。2014 年 10 月 15 日，“寰行中国”别克·中国文化之旅”在烟台落下帷幕。18 年来，从在中国的第一支广告“不允许有一滴水份”，到后来的“在动静中容智慧，于无声处见君威”，到“不喧哗自有声”“平安不是一个人的事”……别克品牌以平常的语言使别克的品牌形象深入人心。如今，别克品牌正如其君越广告一样：“这就是他，一言不发，依然征服世界”，步入了品牌向上的新阶段——影响文化中国。

※

从“文化”的中西两个来源考察会发现，文化在任何文明都殊途同归，都用来指称人类社会的精神现象，抑或泛指人类所创造的一切物质遗产和非物质遗产。虽然不同的区域文化创造了诸如进取、敢为、融合、包容、大同、创造的文化精髓，但是不同的文化带之间相互牵扯和融合，甚至会有冲突。如果文化能向新的世代流传，即下一代也认同、共享上一代的文化，不同地区尊重不同局域的文化。那么，文化就有了传续和共享的功能。

“寰行中国”别克·中国文化之旅就是要做文化的传续和共享。同济大学教授、著名古城保护专家阮仪三先生将其形象表达为“乡情”：“每幢古建筑都存有深厚的历史信息，而这些信息有助于加深我们对城市的感情，加深对传统文化的认识，加深乡情。乡情就是历史记忆，就是曾经生活环境的物质印象。”

中西合璧的上海，城市在杂处和更新中进行着文化碰撞。2014 年 6 月 19 日，在“寰行中国”的首站之地上海，阮仪三先生为我们解读了上海古城墙，寻城市之源……隐匿的老建筑背后的故事，一下子温热了上海的旧时光。这就是“寰行中国”的意义所在，繁华上海滩的背后，唯有文化之旅的高度探寻，才能找到这座国际化都市的百年“进取”精髓。继上海之后，在宣城、安庆、景德镇、荆州、恩施、墨脱、拉萨……沿途的 38 个城市（镇），都在“寰行中国”的中国文化之旅里进行了深度的探寻。

“寰行中国”不只是行万里路，而是将“知”“行”结合，对每一段行程的文化精神进行先导性启迪和共鸣。在每一站，太湖文化论坛都助阵中国文化之旅。在沿途的系列论坛上，何怀宏、梁文道等 10 余位学者对中国文化进行了深入探讨。如在“探奇巴楚”线路举办的太湖文化论坛武汉分论坛上，来自武汉大学的学者们通过讨论“敢为与不敢为，新时代的君子之道”，将巴楚之地的鄂东文化展现了出来，熊十力、徐复观、殷海光、胡风、黄侃、闻一多等众多鄂东名人，在中国写作学会会长、武汉大学於可训教授的讲解下鲜活起来。

此外，别克还联合美国国家地理拍摄了六集《ROUTE AWAKENING 寰行中国》系列纪录片。在屏幕上，这个国家的瑰丽遗产和迷人风俗，丰富的文化和自然景观，以及它在加速发展的道路上所面对的独特挑战，都会宏大呈现。

※

有人说，每条路都是孤独的，慢慢的你会相信没有什么事不可原谅，没有什么人会永驻身旁，也许现在的你很累，但未来的路还很长，不要忘了当初为何而出发，是什么让你坚持到现在，勿忘初心。丢失的自己只能一点点捡回来，也许每个人，要走过很多的路，经历过生命中无数突如其来的繁华和苍凉后，才会理解在路上的意义。

在路上，是对心灵和思想的洗礼，尤其是距离遥远的、未历之境的和孜孜以求的路。所以，当我接受邀请的时候，我毫不犹豫地欣然以往。

2014 年 6 月 19 日，2014“寰行中国”别克·中国文化之旅从上海启程，我带上沉重的行囊和思想的困惑，上路了。这是一段充满未知、满含激情而又文化浓郁的旅程，在都市文韵、探奇巴楚、灵走川藏、雪域天路、梦回西域、弘扬华夏这 6 条文化主题的路线上万里长行，经历了心灵的洗礼，最终在烟台圆满收官。

这是一次非凡的文化旅途，传承与弘扬了中国传统文化的精髓。这是一次思我的心灵旅途，沉淀与顿悟了作为中华子民归来去兮的何去何从。

第一条线“都市文韵”，从上海出发，途经宣城、安庆、景德镇、九江，最终在武汉休整，一路探访了海派老建筑、古法宣纸、黄梅戏、景德镇瓷器，以及昙华林，深度体验了“富而思进，文而取和”的精神内涵。

首日上海，跟随同济大学阮仪三教授，从大境阁到海关大楼，再到外滩源，探访了一番上海老建筑的历史变迁和中西文化的交融之韵。第二日宣城，在泾县中国宣纸文化园，探访正宗的宣纸制造工艺，并与美国国家地理频道主持人Harry 进行互动，一同书写“寰行中国”的墨韵。第三日安庆，这是我的家乡，从小耳濡目染黄梅戏的唱腔戏台之中，终于能近距离了解黄梅戏艺术。在再芬黄梅公馆观赏《天仙配》等经典黄梅戏表演，并聆听了国家一级演员李萍老师的黄梅戏艺术讲授，与她一同探讨了黄梅戏的历史与传承。第四日景德镇，先后探访清代镇窑等景点，看尽千年瓷器史诗的妙韵，并拿起画笔纵情挥洒，感悟中国传统艺术的魅力与风采。第五日武汉，来到位于老武昌东北角的昙华林街，探访中西合璧的建筑之韵，一览九省通衢的源远流长。

2014 年 6 月 19 日出发，6 月 24 日收官，全程 1200 公里。一路上，我们用脚丈量大地，在江南都市文韵的精神景象中，纵情驰骋。

第二条线“探奇巴楚”，从武汉出发，途经荆州、恩施、广安、阆中，最终在成都收官，一路探访了荆州楚绣、恩施土司城、恩施大峡谷、利川大水井、阆中古城，挚情纵览了“敢为天下先的勇气和独与天地精神相往来”的精神内涵。

首日荆州，饱览楚文化的博大精深，零距离接触楚绣艺术的高雅与热情，以线代墨，绣出属于自己的“凤穿牡丹”，方寸之间瑰宝之魅尽显。第二日恩施土司城，与湖北民族学院雷翔教授进行对谈，深入了解了毕兹卡文明的演变，争鸣畅言之间，土家族的历史变迁和灿烂文化，尽收眼底。第三日恩施大峡谷，于雨雾中行走，尽揽武陵山脉的豪情与壮丽，一块怪石，一片奇峰，“独与天地精神相往来”的壮志豪情，朗阔心中。第四日利川大水井，在古建筑群管理员谢书达的带领下，阅历李氏家族的荣与辱，行走之间，尽揽整个建筑群像的浩瀚史韵。第五日阆中古城，“半珠式”、“品”字形、“多”字形等风格迥异的建筑群体，于我们眼前展开。观行于此，风水文化、宗教文化、三国文化等多元文化共盛之景，一览无余。第六日深入阆中古城，在张飞庙中寻梦三国，在贡院里探寻科举文化，在胡家院中欣赏古城最具代表性的古院落，傲然行走，意味深长。

2014 年 6 月 28 日出发，7 月 5 日收官，全程 1630 公里，巴蜀走廊是一部书，不言语，不浮华；巴蜀古道是一幅画，不平坦，也不简单。一路走来，恰是一次“敢为”与“不可为”的心灵洗练。

第三条线“灵走川藏”，从成都出发，途经康定、巴塘、左贡、八宿、波密、墨脱、林芝，最终在拉萨收官。知行合一，在这条遍布藏汉文化密码的路上，朝圣而进，川藏地区的历史变迁，以及汉藏多元文化和谐共生的“融合”精神，尽收眼底。

首日成都至康定，一路驰骋风光极致，穿过奔流不息的大渡河，一揽“日照金山”海螺沟，尽赏“蜀山之王”贡嘎山之礴。第二日巴塘，翻越“康巴第一关”折多山，途经剪子弯山，登临世界高城理塘，星夜之间，观抵“弦子之乡”巴塘。第三日左贡，沿金沙江而上，途经芒康，于山峦叠嶂之间，尽揽金沙江与澜沧江磅礴并流之势，绕山驰骋，跃登生命禁区东达山，壮志尽显。第四日八宿，翻越他念他翁山，观临舒伯拉岭，在业拉山征服天险一百零八道弯。第五日波密，翻越安久拉山，驰临“藏东第一大湖”然乌湖，一睹“中国最美冰川”米堆冰川的魅力。第六日墨脱，朝夕而发，傲驭绝美并绝险的墨脱公路，挚情而行，最终抵达“莲花秘境”墨脱。第七日墨脱至波密，在嘎隆拉山之巅，远眺银河倒泻的雅鲁藏布江，尽舒豪情壮志。第八日波密至林芝，连续翻越通麦天险以及排龙天险，尽揽险绝之巅，最终抵达林芝文化中心八一镇。第九日林芝至拉萨，领略世界屋脊上的神湖巴松措，尽赏雄奇浩瀚的米拉山，最终抵达圣城拉萨。第十日探访拉萨，朝圣布达拉宫，如沐藏文化的博厚长河，耐人寻味之间，尽赏殿内珍奇文物和艺术品，登临这座堪称藏族文化殿堂的博物馆，拉萨的整个圣景，尽收眼底。

2014 年 8 月 28 日出发，9 月 8 日收官，全程 2650 公里。这是一段“眼睛上天堂，身体下地狱”的旅行，“和你一起去西藏的人，一定不是这辈子才有的缘分”……在川藏公路建成并通车 60 周年这样一个极富纪念价值的年份里，“寰行中国”的意义绝非只言片语所能表达。

第四条线“雪域天路”，从拉萨出发，途经那曲、格尔木、德令哈、青海湖，最终在西宁收官。青藏线上的行走，让我们对区域内藏、回等民族的历史变迁，以及中国本土文化中的多元化与异质化文化之间和而不同的状态，有了一个全面透彻的体会。

首日拉萨至那曲，揽念青唐古拉山之圣景于无垠，并驰大美青藏铁路，一路飞驰，驭临“天湖”纳木错，尽赏碧波壮阔之美。第二日那曲至格尔木，于风雪骤降之间，翻越唐古拉山，浩然而进，穿越隽美的可可西里，最终抵达格尔木。第三日格尔木至德令哈，观临中国最大盐湖察尔汗盐湖，尽赏盆地奇观万丈盐桥，一路遥望祁连山脉，在德令哈追忆海子脚步，我在黄昏时分参观了海子纪念馆。第四日德令哈至青海湖，在“天空之境”茶卡盐湖上行走，于皑皑盐海之中，纵情体验采盐工艺，一路观驭，最终抵达壮阔无垠的青海湖。第五日青海湖至西宁，于骤雨之中，揽景二郎剑，蜿蜒而上，观临南山，尽赏青海湖浩瀚全景。第六日探访西宁，朝圣塔尔寺，怀揣一颗虔诚的心，沐于这座众神共居的天堂，心神合一，超尘脱俗，藏族文化的发展与传承尽收眼底，并与美国国家地理频道进行互动体验，制作金刚结，开启内在的般若智慧。

2014 年 9 月 10 日出发，9 月 18 日收官，全程 2115 公里，一路走来历经各种极限挑战，心旌摇荡，虔敬而行，雪域天路源远流长的文化之脉，尽收眼底。浩瀚之间，多元文化之间的“包容”精神，一览无余。

第五条线“梦回西域”，从西宁出发，途经武威、中卫、兰州、天水、宝鸡，最终在西安收官。重走古丝绸之路，让我们对区域内文明的变迁，以及西域与中原文明的交融历程，有了一个透彻的感悟。思行合一，全球文明之间的“大同”精神，揽阅于心。

首日西宁至武威，观抵“彩虹故乡”互助，探访土族民俗文化展览馆，闻香青稞酩馏酒大作坊，于芳香曼妙之间，一览西北民谣花儿之魅。第二日武威至中卫，敬抵武威文庙，尽赏儒家文化的传承与发展，于西夏博物馆一览西夏文明的历史变迁，挚然而行，最终抵达中卫沙坡头。第三日中卫至兰州，尽赏沙坡头大漠孤烟之境，一泻千里，于滚滚奔流之畔，匠制渡江之舟“羊皮筏子”，揽渡黄河，挚然傲驰。第四日兰州至天水，揽景而行，敬抵“东方雕塑馆”麦积山石窟，于千仞绝壁之间，一览佛教东播之迹，以及文化西进之络。第五日天水至宝鸡，于峻岭连绵曦光普洒之间，揽景“佛骨圣地”宝鸡，观抵“世界佛都”法门寺，一览“丝路西去，佛典东来”的历史之盛。第六日宝鸡至西安，观抵关中民俗艺术博物院，一览千年民族生存和文化交流融合的定格之美，虔敬而行，最终抵达“十三朝古都”西安。

2014 年 9 月 22 日出发，9 月 29 日收官，全程 1750 公里，一路走来，千年文明的历史变迁，于心中丈量，文庙、麦积山、法门寺这些遗韵千年的文化坐标，巍然伫立在历史的长河中，生生不息，照古腾今。

第六条线“弘扬华夏”，从西安出发，途经洛阳、开封、曲阜、潍坊，最终在烟台收官。一路驰骋于中国文化脊梁地带，千年生生不息的创造力，以及华夏文明的博大精深，隽揽于心。

首日西安至洛阳，途经三门峡，一路揽景于中华民族发祥地，驭霞观临“千年帝都，牡丹花城”洛阳，体验中华名宴—洛阳水席。第二日洛阳至开封，敬抵洛阳南石山村的唐三彩工作室，在唐三彩博物馆副馆长张舰的带领下，尽览彩陶施釉之魅。第三日开封至曲阜，从开封出发，敬抵朱仙镇，与美国国家地理频道主持人 Harry 一起体验制作木版年画，最终抵达“孔子故里”曲阜。第四日深入探访曲阜，前往曲阜国学院，对话段炎平院长，探讨儒学之道，体验汉服礼仪魅力，午后观抵孔府孔庙，一览中国渊源最古、历史最长的一组建筑物，将儒家文化的发展与传承尽收眼底。第五日曲阜至潍坊，在核雕艺术家张温和的带领下，一同体验汉族民间微型雕刻工艺——核雕，领略方寸间的精湛技艺。第六日潍坊至烟台，揽景而驰，敬揽“人间仙境”蓬莱阁，广阔无垠之间，历史文化积韵，以及苍茫豪放的山海风光，尽收眼底。

2014年10月9日出发，10月17日收官，全程1610公里，在千年古都洛阳、开封看百家争鸣淀韵于今的中原文化，在“人间仙境”蓬莱赏八仙过海、烟霞瑰丽，在曲阜感受儒学文化的无穷魅力。一路走来，中原文明的磅礴创造力，揽阔于心。

六条路线、万里长行、心灵洗礼，这次“寰行中国”别克·中国文化之旅，在江南尽观“富而思进，文而取和”的文化质韵，在巴蜀纵驭“敢为天下先”的精神景象，在川藏线饱览多元文化和谐共生的“融合”精神，在青藏线敬赏中国文化的独特价值和包容性，在古丝绸之路通晓西域与中原文明的大同及和同，在华夏文明脊梁地带一睹数千年生生不息的磅礴创造力。

16个省和自治区，12000公里，5320米最高海拔，川藏线两大最险路段，20℃的最大垂直温差变化，17小时的连续昼夜驰骋……这一路，每天窗外都是不同的美景，以及和而不同的地域文化，壮丽、磅礴、旖旎、传统、创新，各种中国之美。

于我而言，虽然2014“寰行中国”别克·中国文化之旅已圆满收官，但这是一次值得一辈子去记忆的经历。念念不忘，必有回响，文化的传承和传播，已经成为我矢志不渝的职责。

感谢上海通用别克团队对这本书出版的支持，如果没有2014“寰行中国”别克·中国文化之旅就没有这本书的诞生，更没有我的意义非凡的2014年。这是我的本命年，在这个重要的年份，有幸朝圣西藏，膜拜圣地，甚是荣幸。

感谢2014“寰行中国”别克·中国文化之旅的主办方上海通用汽车有限公司，正是这家公司的远见卓识，对中国文化的热忱和挚爱，才有了这一段气势恢宏的文化之旅。感谢一路同行的上海通用汽车公关部、别克市场营销部的工作人员，正是他们的辛勤付出和幕后工作，才让我们目睹了中国文化的丰富多彩。感谢活动执行公司、公关公司的付出，感谢图片拍摄团队，感谢我的摄影师搭档曹海鹏……由于人数众多，恕我不一一列出；感谢本书的设计、制作、出版、发行团队，以及我的写作助理王榕、李子凡、侯梦茹。

“离别不是结束，而是新的开始。人生永远有下一站，期待再次的相聚。”

愿，我们在路上，一路同行。

著者谨识

「别处，是归客」